Quality-I Is Safety-II

The Integration of Two Management Systems

质量-I 即安全-II

两个管理体系的整合

[美] 萨索 · 安多诺夫（Sasho Andonov）◎著
孙佳◎译

中国工人出版社

图书在版编目（CIP）数据

质量-Ⅰ即安全-Ⅱ：两个管理体系的整合 /（美）萨索·安多诺夫著；孙佳译. — 北京：中国工人出版社，2024.4

书名原文: *Quality-I is safety-II : the integration of two management systems*

ISBN 978-7-5008-8432-3

Ⅰ. ①质…　Ⅱ. ①萨… ②孙…　Ⅲ. ①质量管理　Ⅳ. ①F273.2

中国国家版本馆CIP数据核字（2024）第039849号

著作权合同登记号：图字01-2022-3315号

CRC Press
Taylor & Francis Group
6000 Broken Sound Parkway NW, Suite 300 Boca Raton,
FL 33487-2742

质量-Ⅰ即安全-Ⅱ：两个管理体系的整合

出 版 人	董　宽
责任编辑	李卫民
责任校对	张　彦
责任印制	栾征宇
出版发行	中国工人出版社
地　　址	北京市东城区鼓楼外大街 45 号　邮编：100120
网　　址	http：//www.wp-china.com
电　　话	（010）62005043（总编室）
	（010）62005039（印制管理中心）
发行热线	（010）82029051　62383056
经　　销	各地书店
印　　刷	北京市密东印刷有限公司
开　　本	710 毫米 × 1000 毫米　1/16
印　　张	13.75
字　　数	200 千字
版　　次	2024 年 4 月第 1 版　2024 年12月第 2 次印刷
定　　价	38.00 元

本书如有破损、缺页、装订错误，请与本社印制管理中心联系更换

C O N T E N T S

目 录

P R E F A C E

序 言

2015 年 7 月，在参加代尔夫特理工大学（Deft University of Technology）举行的航空运输和运行会议（CATO）之后，我萌生了写这本书的想法。会上，我提交了一篇航空公司以及维护、修理和翻修（MRO）单位在实施质量管理体系（QMS）和安全管理体系（SMS）中的根本性误区方面的论文。

会议结束后，我总结了自己对这两个管理体系之间自然联系的分析，意识到有些内容丢失了。尽管在 2011 年，我向欧洲标准化委员会（CEN）377 技术委员会（空中交通管理）提交了一项提案，提出新标准“整合的质量和安全管理体系—要求”；尽管我在各种专题研讨会和相关会议上提交了一些有关该主题的论文；尽管我在领英平台上发起了一些讨论，但仍然缺少一些内容。不久，我意识到所缺少的是一个开展这方面的全面讨论和寻求答案或进行澄清的“地方”。因此，写书并解释有关QMS和SMS及其未来发展的所有误区似乎是唯一的方法。

自 2003 年以来，我一直在从事质量工作，2005 年起一直在从事安全工作。在这段时间里，我在理解为什么航空中在有质量的情况下还需要安全的问题上遇到了问题，所以我非常努力地推动自己（特别是通过网上学习）以真正理解这两个管理体系。我循序渐进地取得了进展，但是通过查看这两个管理体系之间的差异，我意识到这两个体系也存在许多联系和相似之处，可用作改善这两个体系整体性能的优势。令我感到困扰的是，事实上，改进安全的首要障碍始终是提升质量。

自 2005 年以来，我遇到了许多质量和安全人员，并在领英上的安全小组中发起了大量讨论，而那些自认为是这些领域的专家所表现出的对质量和安全的理解，让我感到非常失望。在前几年我参与的一个项目中，我曾与一位在他的名片上写有安全专家的同事一起工作，但在我们合作的9个月中，我一直不明白他对安全的定义是什么。编写本书的原因之一就是要用在这里所表述的事实和观点挑战这一领域的所谓专家。一次我在会上发表演讲后，一位年轻的博士生找到我，并告诉我，他对我提出的质量经理不应该是有工程背景的人的说法感到震惊。当我问他是不是不认同我的说法时，他告诉我："不，现在我不反对您的解释。"

如果我们在开始时对两个管理体系有错误的假设，那么进一步讲它们的未来就毫无意义。如果我们在不好的地基上建造房屋，在以后建造过程中遇到问题并解决这些问题，这将导致房屋价格比从一开始就建好地基的房屋要贵很多。

本书的目的是从实践的角度解释有关质量和安全的根本性误区以及如何改进对质量和安全的理解。因为我确信安全–Ⅰ和质量–Ⅰ将整合到一个系统中。当然，质量–Ⅰ是我们今天所拥有的质量，并且从20世纪上半叶的早期开始就已经有了巨大的发展。

本书讨论了这两个体系的实际实施。因此，仅将理论作为实践问题和现实问题的背景。许多具有理论知识的学者可能不认同我的一些解释，但是这些解释的根源在于我们的职业（和个人）生活的现实和实用主义。坦白地说，即使我也不完全认同其中的一些解释，但这不能改变它们存在于现实中的事实。我受这样一种思想支配："一个真正的男人不仅要解释现实，而且还要改变现实！"因此，我尝试通过这本书改变现实。一些读者可能会发现某些陈述或活动相互混淆或对立。之所以发生这种情况，是因为我对其中的某些工具有清晰的了解，甚至推荐了其中的一些工具，但现实中，不同的人做出的选择是完全不同的。甚至书中有些示例没有解释，但是我希望在这些相互混淆和对立的陈述中，你可以做出自己的选择。我认为自己只是一个使用理论通过实践来改善现实的人，因此我从实践的角度给出了自己的理解，这意味着我可以看到将这两个体系（QMS和SMS）整合为一个体系的实用性。

这本书的书名是《质量-Ⅰ即安全-Ⅱ》，并不是对《安全-Ⅰ和安全-Ⅱ》[①]的讽刺，而是该理论的续篇。我想指出我们如何（实际上）使用质量-Ⅰ将安全管理体系从安全-Ⅰ升级到安全-Ⅱ。质量-Ⅰ是满足《安全-Ⅰ和安全-Ⅱ》一书信条的质量，即致力于改善好的事物，而不是专注消除坏的事物。在过去的 70 年中，质量-Ⅰ经历了持续不断的巨大发展，并且由于其种类繁多（现实已证明）的工具和方法，它在今天仍然有效。它已经确立了自己作为一门科学和艺术的地位，但是仍然存在许多误区，一些学者将其称为“安全-Ⅱ”。

我希望本书有助于改善航空和工业的质量和安全实践，也希望它能为所有管理人员提供良好的指导材料，说明如何从这两个体系的实施中“压榨”最大收益。尽管本书中的观察重点是航空，但它们对所有行业都有影响。我认为，QMS和SMS的整合在所有行业中都是不可避免的，尤其是在那些高风险的行业（化工、核工业、医药、食品等）中。

① 作者Erik Hollnagel，哥本哈根南丹麦大学心理学教授。

AUTHOR

作 者

萨索·安多诺夫（Sasho Andonou）是一名电子和电信工程师，并拥有位于马其顿斯科普里的帕沃尔·约瑟夫·沙法里克大学（University SS. Cyril and Methodius）的计量学和质量管理硕士学位。他在马其顿、印度、巴布亚新几内亚和阿曼拥有 26 年的从业经验，其中 20 年在航空业。他曾是多个国际民航组织（ICAO）和欧洲航空安全组织（EUROCONTROL）工作组的成员，并在许多会议和论坛上发表了论文。自 2003 年以来，他一直从事质量和安全管理方面的工作。目前，他在阿曼马斯喀特军事技术学院航空系，是欧洲航空安全局（EASA）的高级讲师。

LIST OF ABBREVIATIONS AND ACRONYMS

缩略语表

ALARP	最低合理可行
ANSP	空中航行服务供应商
ATC	空中交通管制
ATCo	空中交通管制员
ATM	空中交通管理
CAA	民用航空局
CATO	航空运输和运行会议
CBA	成本-效益分析
CEN	欧洲标准化委员会
CENELEC	欧洲电工标准化委员会
CEO	首席执行官
CNS	通信、导航和监视
CoS	服务连续性
CP	能力指数
DfM	维护性设计
DfR	可靠性设计
DFSS	六西格玛设计
DoE	实验设计
DPMO	每百万次采样数的缺陷率
EASA	欧洲航空安全局

ETA	事件树分析
FAA	美国联邦航空局
FAO	联合国粮食及农业组织
FHA	功能危险评估
FMEA	故障模式和影响分析
FMECA	故障模式、影响和危害性分析
FMS	飞行管理系统（自动驾驶仪）
FRAM	功能共振分析模型
FSA	综合安全评估（海事安全评估方法）
FTA	故障树分析
HACCP	危险分析和关键控制点
HAZID	危险源辨识
HAZOP	危险和可操作性
HFACS	人的因素分析与分类系统
HFMEA	医疗故障模式和影响分析
HMI	人–机界面
HS&E	健康、安全和环境
IAEA	国际原子能机构
IATA	国际航空运输协会
ICAO	国际民航组织
ICH	国际人用药品注册技术协调会
IEC	国际电工委员会
IQSMS	质量和安全一体化管理体系
IMO	国际海事组织
ISO	国际标准化组织（正确名称实际是标准化国际组织）
KPI	关键绩效指标
LSL	规格下限

MIL-HDBK	军用手册
MRO	维护、修理和翻修
MSA	测量系统分析
NDT	无损检测
PCA	过程能力分析
PPM	百万分之几（次品率）
P/T	精度/容差
QA	质量评估或质量保证
QC	质量控制
QLF	质量损失函数
QM	质量经理
QMS	质量管理体系
QP	质量政策
R&R	重复性和再现性
RCA	根原因分析
RE	恢复力工程
SARPs	标准与建议措施
SM	安全经理
SMS	安全管理体系
SO	安全目标
SoE	事件序列
SP	安全政策
SPC	统计过程控制
TQM	全面质量管理
TSM	全面安全管理
USL	规格上限
WHO	世界卫生组织

1 系统

1.1 引言

在工业中，本书的主题“质量和安全”是通过质量管理体系（QMS）和安全管理体系（SMS）的实施来阐明的。先让我们来看看“体系（系统）”一词的解释。[①]

正如本书中针对QMS和SMS定义的那样，一个体系[②]由构成体系结构的人、设备和程序组成。人通过程序来管理过程（使用设备）。这三个组成部分之间的协同、相互作用和协调（如图 1.1 中的三箭头所示），应在相关领域带来效力和效率，改善经济状况，提高产品和服务的质量，以及提高危险活动实施中的安全。[③]

在体系内，人、设备和程序分成几个部分或子系统，这些部分或子系统彼此交互，并与外界交互。图 1.1 中的另外四个箭头告诉我们体系一直在与周围的环境进行交互，因此我们也需要考虑到这一点。重要的是要记住，体系是动态的实体，其能量（身体和精神）、思想、信息、活动、材料等的流动永远不会停止！

体系要生存就必须有效力和效率。在我（从业者）看来，效力和效率是人

---

① ISO 9001：2015 包含管理体系的定义：“一组相互关联或相互作用的组织元素，用于建立政策、目标以及实现这些目标的过程。”对于本书而言，不必采用此定义。

② 在本书中，“系统”一词以大写字母开头时，是指管理体系。如果它以小写字母开头，则表示说的是另一种系统（机械、电气等）。

③ 本书中使用的“体系”一词由本章中的定义确定。新的发展使用了“社会技术体系”一词，实际上它并不反对本书中使用的复杂体系的定义。

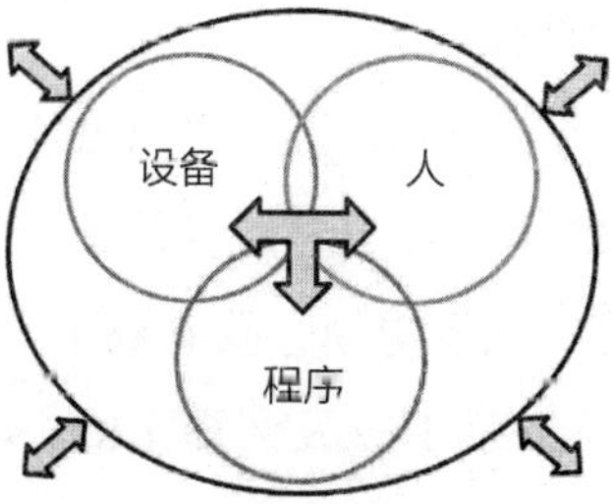

图 1.1 管理体系的组成部分

类生活中一切事物的最好描述，因此，也是人类活动的两个最重要特征，不仅确保质量和安全，还确保我们体系的经济性。所有其他规范（可用性、可接近性、适用性、可靠性、完整性、生产率等）都可以作为质量和安全的组成部分并与之连接。让我们来澄清一下“效力”和“效率”这两个术语。

利用在线词典，可以找到许多关于效力和效率的定义。通常，效力（有效性）是关于特定活动预期输出的客观陈述（达到或未达到）。它通常具有两个值之一：达到效果和未达到效果。这在质量和安全方面尤其有效：我们要么可以达到要求的质量和安全，要么无法达到要求的质量和安全。在质量和安全方面，我们的产品可以在容差范围之内，也可以在容差范围之外。没有中间的情况。但是在某些情况下，我们可以部分达到效果，比如可以说达到了效果的 65%。举一个例子，一家公司计划在 3 月份生产 1 000 辆汽车，但只生产了 956 辆。这意味着 3 月份的生产计划完成了 95.6%。

效率（高效性）的定义比质量或安全性更经济。我的定义是由以下问题给出的：“为达到预期输出，我们应该给过程多少输入?”我们在过程中投入多少资源主要取决于我们对过程的了解以及执行过程的技能。与效力相反，效率是通过考虑资源成本来确定的。我们可以说效率意味着“使用更少的资源来完成某事”，而有效力意味着“完成正确的事情”。对提高效率的错误理解可能会损害安全。管理人员有时将提高效率理解为将更少的资源用于质量和安全，这会产生各种质量和安全问题。

体系为解决和执行必要的活动提供了一种系统的方法，目的是建立平衡、和谐和成功运转的可识别的结构。

当我在新德里按照合同为国际民航组织（ICAO）工作时，住在Jangpura Extensions的一栋出租公寓中。这是一个可爱的地方，友善的邻居无条件地接受了我。在那段时间里，有一次看电视，我看到了一场激动人心的辩论，是关于退役士兵安纳·哈扎尔（Anna Hazare）提出的一项法律提案，目的是打击印度社会普遍存在的腐败现象。印度议会没有接受这项法律提案，我对此感到好奇。在与一位年长的邻居交谈时，我问到为什么议会不接受这项法律提案。他的回答是：

> 你知道的，Sasho，印度是一个对比鲜明的国家：到处都是穷人和富人，但印度是一个拥有民主制度的国家，该制度定义了如何处理所有此类问题。如果法律提案遵循该制度，则议会将讨论该提案，但是哈扎尔希望"绕过"该制度，显然我们不能允许这样做。简而言之：如果你不遵守制度规则，那么拥有制度又有什么意义呢？

这就是拥有体系的要点：遵守规则！遵守规则是文明发展的组成部分。当第一个暴君决定建立法律作为社会行为规则时，人类从原始主义发展为文明社会。如今，人们的生活中规则无处不在，因此他们甚至常常没有注意到它们。规则是我们文化的一部分，遵守规则可以使我们的生活更好，并防止伤害。例如，不遵守交通规则是交通事故的主要原因。

我的邻居进一步解释：

> 如果哈扎尔想在政治上产生影响，他需要加入一个政党，或者如果他对目前的政党不满意，就应该建立一个新的政党。此后，他应参加选举，如果他对印度社会的看法得到印度人民的认可，他将加入议会。然后，他可以设法向议会议员保证这项法律的必要性和好处。如果不这样做，他会试图走"捷径"，如果现在发生了，明天就可能再

次发生……这将破坏我们的政治制度……

要拥有一个好的体系，你需要对其进行自定义以使其有效和高效。它必须关注人、程序和设备。一个好的体系将激发员工的最大潜能。

为了处理体系，我们需要定义内部和外部边界。

内部边界①是体系内部存在的边界。假设设备是体系的一部分，但设备本身就是一个系统。通信设备由发射机、媒介和接收机组成，它们也都是系统。因此，定义内部边界的问题是：我们在多大程度上可以深入体系的细节？这就是内部边界被称为体系分辨率的原因，并由其创建者定义。

外部边界有不同的方法：我们将在多大范围内定义系统？为家庭和工业提供电力的系统称为电力系统，但是某些国家对其定义有所不同。一些国家的电力系统是指为我们的房屋实际供电（从生产到我们家中）的系统；而对于其他国家，将其定义为通过发电机发电的发电站，还有另一个系统（配电系统）进行电力的分配。如前所述，体系的创建者定义了外部边界。

但是，如果没有专门用于系统的人员（系统经理）和部门（系统部门），则该系统将无法运行。每个公司都包含许多系统：财务、物流、生产等。致力于已采用体系的实施和维护的人员应该是该体系的创建、实施、运行和维护方面的专家，而不是公司内部建立的生产过程方面的专家。他们将关注体系的效力和效率，并且必须具有与特定体系（质量和安全）相关的一般知识和技能。这意味着他们必须知道如何测量、监视和提高体系的效力和效率。效力是指应实现的体系的特定效果（质量或安全），效率是指可以使用较少的资源来实现该效果。体系经理应在质量和/或安全部门组织工作，并对质量和安全领域的效力和效率负责。

---

① 一些作者在体系中使用术语“分辨率限制”。我一点也不觉得这个术语有什么问题，因为这些作者是在谈论同一件事。

1.2 系统评估的情境

我们评估体系是因为这可以帮助我们做出有关其未来功能的决策。评估是通过使用模型进行仿真来完成的。我们无法在运行的体系上进行仿真，因为如果发生灾难性后果，我们将破坏该体系。有很多模型可用，在这里我将不进行介绍。在书中偶尔我会提到其中的一些，但就目前而言，研究特定的模型并不重要。所有模型都有一些共同的特征。

1. *它们并不理想*。当然，用于描述系统的模型不是理想的，但是系统也不是理想的。它们不理想是因为模型演示了我们对体系的理解，而这是非常主观的（总是缺少某些东西）。
2. *它们是体系的简化视图*。每个系统都有关键绩效指标[①]（KPI），用于评估体系的运行状况。我们通过评估模型对体系进行评估，因为模型是我们对体系的简化视图，评估模型相对更容易。
3. *模型在很大程度上取决于系统评估的情境*。通信很复杂，有时我们需要评估特定的关键绩效指标，并相应地针对体系调整我们的模型。经济KPI模型与质量或安全关键绩效指标模型完全不同。即使我们所说的是同一体系，用于科学评估的模型也与生产模型完全不同。而且即使对于相同的关键绩效指标，也有许多模型。

在第 3 项中，我提到了情境，可以将情境定义为不同主体对当前状况的特定看法。比如两队之间进行篮球比赛，获胜球队的球迷对情况（情境）的看法与输球球队的球迷的看法不同。对于获胜球队的球迷来说，这是一件了不起的事情，但是对于输球球队的球迷来说，这是一场灾难。我将对“情境”一词进行更深入的实际解释，因为在本书中我经常使用它。通常，我会对学生举一个简单的例子来解释这意味着什么。

---

① 每个系统都在内部执行特定的活动和/或功能，因此我们通常为每个活动或功能分配一些关键绩效指标。

我拿着一支笔并握在自己面前。然后我问他们以下问题："如果我张开手，假设这支笔会掉落是否合乎逻辑？"

几乎所有人都回答：是的！

然后，我向他们解释这个问题不受逻辑约束。当然，所有人都坚持认为它一定会掉落。在解释了笔落是因为它遵守了物理定律，而不是逻辑定律后[①]，他们开始关注我接下来怎么讲。如果问题的情境基于物理定律（请记住我在教电气工程），那么笔会掉落。但这不是逻辑问题，因为逻辑需要另一种类型的数据，而这些数据目前尚未提供给学生。

这实际上就是魔术师如何表演他们的魔术。他们向我们展示了"逻辑"把戏，知道我们对科学和现实的"逻辑理解"，但是由于我们没有足够的信息，我们找不到"逻辑解释"。如果我将笔放在一根很细的金属线上并张开手指，那支笔将仍然挂在金属线上。这就创造了魔法：没人注意到细金属线。这种情况满足物理定律（由于笔的重量，细金属线会被拉长），但是没有足够的信息可以使逻辑定律产生合乎逻辑的结果（为什么笔不掉落？）。

考虑到前面的示例，我们可以得出结论，即体系模型与我们要执行的评估的情境紧密相关。我们可以将一个模型用于不同的情境，但是结果并不总是提供可靠的信息。有些模型具有很强的科学性，因此不适合在公司中实际实施。我的时间情境使我可以接受买一个价格为 50 欧元、年精度为 3 分钟的手表，但对于美国航空航天局（NASA），时间情境不同。NASA的火星登陆任务持续 7 个月，飞船的速度超过 11.2 km/s。这意味着，如果精度与我的手表相同，则使用该速度的飞船将在距计划着陆点至少 100 km的地方着陆。

体系的决策取决于所使用的模型的情境以及输入的数据。错误的情境和糟糕的模型非常可怕，因此体系的创建者必须对体系的模型有充分的了解和理解，才能选择正确的模型。模型不仅取决于情境，统计过程控制（SPC；更多

---

① 并非所有人都知道逻辑是一门科学，即如何在知道不同陈述的有效性（正确或错误）情况下，找到这些陈述组合的真相。

详细信息，请参阅第 2.8.2 节）和测量系统分析（MSA；更多详细信息，请参阅第 2.8.1 节）结果也会受到影响。用于科学目的的SPC与用于公司生产的SPC有所不同，这同样适用于MSA：用于科学实验室的MSA与用于生产实验室的MSA完全不同。

因此，我对高层管理人员的警告是：小心构建你的体系的人！如果他（她）不了解你公司的情况，则应寻找其他人。

1.3 概率与统计

如今，概率和统计数据已成为处理科学信息的强大工具。它们在用于评估和改善行业质量和安全的众多方法中具有特殊的地位。两者都是数学的分支，不幸的是，并不是每个人都擅长这些领域。概率和统计需要大量只有数学家才能提供的数学知识，因此，质量和安全经理通常不喜欢使用它们。由于对这两门学科的错误理解通常会在安全和质量方面造成许多错误，因此我在此对它们做一个简要的介绍。

概率学是 17 世纪在法国创立的。由于当时赌博盛行，数学家在计算获胜机会时认识到了数学背景。说到“概率学之父”，我们可以考虑法国数学家布莱斯·帕斯卡（Blaise Pascal）和皮埃尔·费马（Pierre Fermat）。18 世纪，概率学从赌博转移到了科学，如今已得到广泛应用。但是，仍然存在很多误区。

概率论研究的是对随机事件的不确定性进行量化。概率实际上是根据过去多次发生的同一事件的计算结果来计算事件发生的可能性。如果我们想计算抛硬币会产生“正面”还是“反面”，我们应该知道正面和反面的可能性。请记住，获得正面或反面是纯粹的随机事件，要确定这些可能性，我将掷硬币 10 次。如果我有 6 个正面和 4 个反面，我将假设正面的可能性是 60%，而反面的可能性是 40%。但是我也可以得到 3 个正面和 7 个反面，这意味着正面的可能性是 30%，而反面的可能性是 70%。真正的问题是，我应该使用哪个可能性：60∶40 或 30∶70?

答案：都不是。

为了确定正面和反面可能性的真实量化，我应该掷硬币很多次，以至于可以量化这种随机事件的输出不确定性。这个数字应该达到一个很大的程度，以至于以后每次抛硬币都不会改变结果。准确的结果是正面可能性为 50%，反面可能性为 50%。

概率可以表示为 0 到 1 的数字，也可以表示为 0%到 100%的百分比。具有 0（0%）的概率表示此事件将永远不会发生，而具有 1（100%）的概率表示该事件将总是发生。但是，实际上，即使概率为 0（0%），也可能发生该事件。即使发生概率为 1（100%），该事件也可能不会发生。这些情况可以解释为不符合理论的极为罕见的事件，但无论如何都是允许的。

概率的计算是将事件的发生次数除以尝试的总次数。如果我掷 100 万枚硬币并获得 500 023 个正面和 499 977 个反面，则计算结果为

对于正面：

$$P(h)=\frac{500\,023}{1\,000\,000}=0.500\,023$$

对于反面：

$$P(h)=\frac{499\,977}{1\,000\,000}=0.499\,977$$

为了给出准确的结果，我们可以说正面的概率是 50.0023%，而反面的概率是 49.9977%。这是纯理论，但实际含义与现实有关。现实中，我们实际上会按照正面和反面的概率都是 50%处理。在这两种情况下，我们的误差均为 0.0023%，对于实际应用而言，这个极小的误差根本没有意义。

但是，真正缺乏的理解是，正面的概率为 50%，反面的概率为 50%，并不意味着如果我抛硬币两次，我就会得到一个正面和反面。如果我抛硬币 10 次，我不会得到 5 个正面和 5 个反面；如果我抛硬币 100 次，我也不会得到 50 个正面和 50 个反面。它仅对大量抛硬币有效！

实际上，我们不能总是尝试 100 万次。有时，数据仅对 100 次或 1 000 次

尝试可用。在这种情况下，我们可以谈论频次而不是概率。粗略地说，当尝试的次数如此之大，以至于以后每次事件的重复都不会改变结果时，我们所说的是概率。这被称为经典方法，在科学中得到广泛应用。如果数量不是很大，以至于以后每次事件重复都可能改变结果，那么我们所说的是频次。这就是所谓的频次法，并在实践中使用。

统计学与概率有关，并且具有相似的起源。它始于1700年之前，直到20世纪初才走向成熟。统计学已获得普及，并广泛用于描述大规模事件。统计学实际上是一门收集、表示、分析和合理解释数据的科学。

当许多人参加同一活动时，由于人们之间的实际差异，我们无法清楚了解情况。一个简单的例子是学生参加考试。如果有25名学生参加考试，其中有23名通过考试，我可以通过以下公式计算通过考试的学生百分比（PE）：

$$PE（\%）=\frac{23}{25}\times 100=92\%$$

但这仅是今年。如果我想比较今年通过考试的学生与前几年通过考试的学生的比例，则需要更早的数据。而且，如果我需要为学生计算该特定考试的“通过可能性”，我会算出前几年所有百分比的平均值。结果实际上是通过考试的概率。

接下来，我想看看前几年的考试通过率是否有很大的差异，所以我会计算标准差（σ）。平均值和标准差是基本统计值，用于描述许多人、事件或状态的统计情况。

统计非常依赖于计算的情境，有时结果的解释是非常错误的（有意或无意）。为了说明统计的情境，我来讲一个小故事。在几乎所有的巴尔干国家（欧洲东南部），人们都知道慕萨卡（moussaka），这是一种很受欢迎的食物，方法是在锅底放一层切成薄片的土豆，然后加入肉末，再在肉末上盖上切成薄片的土豆。将锅放入烤箱中，一小时后，你就可以享用这道美食了。土豆和肉的含量比应约为50∶50。因此，考虑到这一点，如果我只吃肉，而你只吃土豆，那么从统计学上讲，我们俩都在吃慕萨卡，这是荒谬的。

让我们来看看更多的例子。

通过统计计算，我们可以说，晚上在床上睡觉时死亡的人数是飞机失事的5倍。当然，这并不意味着你不应该在床上睡觉。这两个统计数据在错误的情境中关联在一起。第一个是因果关系：由于飞机失事导致乘客死亡，而躺在床上的人并不是因为床而死，而是由于与床完全无关的其他原因而死。统计数据还显示，几乎有一半的飞行员在夜间飞行中睡着了，其中近三分之一的人醒来只是为了检查副驾驶睡着与否，这完全是无稽之谈。

一位喜剧演员曾经告诉过我统计学家的定义：如果你为自己的利益而撒谎，那么你就是骗子。但是，如果你为政府的利益而撒谎，那么你就是统计学家。

因此，在处理统计数据时要小心：不要使用错误的情境错误地解释结果。

1.4 人

人作为公司的员工，我们可以将其分为两类：体系（质量或安全）部门的员工和公司的其他员工。这两种类型的员工之间的差异在于需要完成的工作上的差异。他们都应具有特定的知识水平和技能以及某种类型的品格。

体系部门的员工需要拥有与体系（质量和安全）相关的知识和技能，并且该知识具有通用性，因为几乎所有行业（医疗、纺织、制药等）都使用相同的方法和工具。因此，拥有体系（质量和安全）方面的广博知识将帮助你处理不同行业的不同系统。

其他员工的知识和技能应使他们能够充分理解公司的流程。因此，建设高速公路或桥梁需要土木工程的知识（和技能），而生产药物需要制药、生物或化学工程的知识（和技能）。无论员工的受教育程度如何，他们总是需要与公司特定生产过程中使用的流程和设备相关的其他培训。

所有员工必须具有特定的个性来处理流程，这意味着他们应基于对生产流程（或提供服务的流程）由许多简单流程组成的清晰理解，树立特定的态度。

他们必须理解，这些简单的流程是整个链的一部分：如果其中一个流程的质量出现问题，那么产品或服务（生产流程）的整体质量也将出现问题。他们需要致力于实现流程所需的必要效力和效率。

人在执行体系中的活动方面至关重要，因为他们通过实践来保证安全。人可以轻松地看到另一个人、一件设备、事物、通知、规则①等。他们还需要“军事训练”，这意味着必须学会遵循规则并遵守程序。相反，他们几乎看不到任何专业知识、相互作用、协调、适应、复杂性等，从而大大降低了其可靠性（与设备的可靠性相比）。这当然会影响质量，也会在安全方面造成重大问题。

实际上，错误发生的概率非常低，尤其是在高风险行业。这些行业的人受过良好的教育和培训，因此很少犯错误。问题在于，第一个错误（一旦发生）会将他们带入一个没有提供过培训或经验的未知领域。错误的发生经常是因为人们有时对其专业知识过于自信。

但是，对于其他行业的员工，也存在相关的考虑因素。他们受过教育并接受了培训，但不知道自己所从事的活动的后果。员工通常仅接受有关如何处理程序以及如何遵守程序的培训。经过训练，他们会应用知识和技能，但这并不能总是帮助他们理解处理或不处理程序中特定步骤的总体后果。主要的问题是他们对可能是非之事没有足够的理解和认识。培训不应该只专注于程序，还必须专注于帮助员工建立特定的文化。可以通过向他们展示“好”结果（如果一切都按程序中所述进行）和“坏”结果（如果出了问题）来实现。了解好与坏的结果是教育过程中非常有用的工具。如果意识到可能因入狱而没有机会享用被盗物品的后果，大多数人就会犹豫去偷东西。这给了人们一个选择：接受奖励（好结果）或接受惩罚（坏结果）。

员工接受了各种情况下的培训，这些情况大多数是可以预见的。因此，如果出现不可预测的情况，他们可能会犯错。如前所述，如果他们由于不可预测

① 这并不意味着他们会遵循规则。

的情况而犯了错误，他们将进入一个没有提供培训、程序也无用的未知区域。这就是所谓的“没有为第一个差错做准备”区域。在这种不可预测的情况下，他们需要即兴发挥或猜测。如果他们做出错误的猜测，那么犯下一系列差错的可能性就会大大增加。该概率是犯第一个差错的概率的 30 倍到 80 倍（取决于情况）。这实际上支持了事故的多米诺模型[①]：事故始于异常情况，类似于多米诺骨牌效应，当一个多米诺骨牌倒塌，随后所有其他多米诺骨牌倒塌都是由第一个多米诺骨牌触发的。

此外，就其本质而言，一些员工对影响其行为的规则持消极态度，从而导致流程中的不当行为。他们通常不做应做的（不遵守程序），而是尝试即兴发挥。这对理解“为了变得更好，你需要与众不同”而不理解“与众不同，不会让你变得更好”的人们而言，是一种心理上的误区。向他们介绍后果可能会有所帮助。

还有一个问题是，有的情况虽然包含在程序中但并不经常发生，因此很可能有人会忘记如何处理它们，因为程序可能会被遗忘。它发生在消防员、警察、军人、飞行员等身上。不会每天发生火灾和战争，核反应堆的泄漏很少发生，飞机发动机的损坏也很少发生。这里有一个悖论：在这些领域工作的人应该接受培训，为实际上很少发生的事情做好准备。对坏结果专门监控，并做好在坏结果发生时进行处理的准备，这对于人们来说是一个问题。这就是为什么这些人需要不时针对此类情况进行额外训练的原因（主要是通过模拟或练习）。使用模拟机定期向飞行员和空中交通管制员（ATCo）提供此类训练。

一般而言，航空方面的统计数据表明，在商业航空[②]中工作的飞行员比在通用航空[③]中工作的飞行员所发生的事故少 75%。这是因为商业飞行员的职业

---

① 赫伯特·海因里希是一位美国安全工程师，他在 1931 年发表了这个模型。它是事件序列（SoE）模型之一。

② 商业航空是航空的一部分，专门用于货物和乘客的商业运输（主要是航空公司和货运公司）。

③ 通用航空是航空的一部分，包括商业航空和空中作业［主要是商务、警察、搜寻与救援（SAR）等］之外的所有其他运行。

素养更高，飞行频次也更高。此外，与通用航空相比，商业航空飞行员的规定更为严格。但是，与经验不足的飞行员相比，经验更丰富的商业飞行员（在10 000飞行小时后）更容易发生事故。这是由于这些飞行员过分自信，使他们更容易出错。

1.5 设备

设备与技术息息相关。对于所需产品或服务，要达到特定的质量或安全水平，需要特定类型的制造设备。因此，产品或服务的类型决定了需要购买的制造设备。

购买设备不仅是生产问题，也是一个经济问题。有些公司决定不投资购买技术先进的设备，而由训练有素、技术娴熟的员工使用老式设备。这不是达到质量或安全的方法。优秀的设备加上优秀的员工是一个成功的组合。

设备最重要的是它必须准确可靠。因此，准确性是质量问题，可靠性也是质量问题，但是会带来经济和安全后果。根据定义，准确性是有关产品质量控制期间测量值与真实值的接近程度的信息。但是准确性意味着在制造过程中，设备必须生产出符合规格的产品（或提供服务）。完全的准确性是无法实现的，因此通常公司（或标准）指定产品（或服务）的容差。容差是产品与理想产品之间允许的差异值。可以由标准或公司指定。

此外，设备不会永远持续使用。它在制造过程中容易磨损，需要适当维护以延长其使用寿命。维护有两种类型：定期维护和临时维护。

定期维护是按照一定的时间表进行的，必须进行维护才能使设备保持最佳状态。定期维护的最简单示例是定期更换汽车中的滤清器和机油：行驶特定里程后，我们会去修理厂，汽车修理工将更换滤清器和机油。定期维护的一种非常重要的类型是定期检查设备的状况。必须使用适当的仪器和测量设备进行。

为了准确测量，必须校准仪器和测量设备。通过计量[①]程序并使用适当的标准具进行校准。

为了更好地了解我们产品（或服务）的质量，需要对其进行测量（将其与特定标准进行比较）。测量必须是准确的，并且只有使用准确的仪器和准确的测量设备（通过使用标准具进行校准）才能达到准确度。通过对仪器和测量设备进行定期校准，可以提供连续的准确度，并且可以通过将其与测量标准具进行比较来实现。有三种测量标准具[②]：主要的、次要的和参考的。主要标准具保存在巴黎国际计量局（BIPM）中，用于定期校准次要标准具。次要标准具是在国家的特定实验室（监管机构）中保存的标准具。它们由主要标准具校准，并用于定期校准参考标准具。参考标准具保存在国家认可的特定类型测量的特定实验室中。

标准具拥有极高的准确性，并且这些标准具的校准是在环境受控的实验室中严格定义的程序下进行的。

尽管校准是一个质量问题，但它也有另一方面。校准是达到所需质量的最重要因素之一。不幸的是，它既昂贵又费时，因此很多公司试图不校准，或者至少尽可能地推迟校准。许多国家认识到校准的必要性，制定了法律，要求对制造过程中涉及的仪器和测量设备进行校准。各国的监管机构会不时检查产品（或服务），如果公司不遵守要求，就会受到处罚。这是国家保护客户免受劣质产品（或服务）伤害的一种方式。

当设备不符合规范要求时，进行临时（偶尔）维护。这意味着有些地方出问题了，需要修复。发现、分析、修理和检查问题，是非常重要的。如果存在重大故障（导致零部件更换），则临时维护后必须校准。有时不存在明显的故障，但产品（或服务）仍不符合规格。这意味着需要进行校准，因为很明显，设备在容差范围之外工作，是导致次品的主要原因。设备在损坏时可能会发生

① 关于测量的科学。

② http://www.iso.org/sites/JCGM/VIM/JCGM_200c_FILES/MAIN_JCGM_200e/05_e.html.

故障，如果我们在设备的规范和容差范围之外使用设备，则会发生设备损坏。这意味着人的因素再次成为这些故障产生的原因（由于忽视设备保养而导致这些故障）。请记住，经济性决定了产品和服务的价格不能太高，我们必须考虑到高端技术产品和服务的生产将需要高端技术设备（并不便宜）。

通常，设备的完美比人的完美更容易实现。因此，普遍建议，由于缺乏“完美的人”，应使用先进的技术设备解决所有可能的质量或安全问题。黄金法则是，好的程序与好的设备相结合，可以从人类得到最好的结果。

1.6 程序

实施体系意味着你需要识别与公司整体功能相关的流程，并为每个流程提供文件化的程序。QMS应塑造成能为质量控制（QC）和质量保证（QA）提供程序，SMS应塑造成能为风险评估、风险消除和减缓以及安全信息与经验教训传播提供程序。这些程序的责任在于质量或安全经理（QM或SM）。

说到程序，质量经理或安全经理需要注意两类程序：体系程序和流程程序。

体系程序“塑造”了体系。它们是所有员工的通用程序，是质量经理或安全经理的责任。流程[①]程序处理公司的生产流程。它们应由一线经理处理，由质量经理或安全经理监督，并将这些程序“重塑”为体系。

程序是组织（公司）中活动和流程方面的公司标准。它们是有关如何在公司中执行特定活动或流程的文件化步骤。它们应阐明在特殊流程中完成“何事、何时、何地、由谁做以及如何做”。

“何事”说明了该程序的主题是什么以及需要产生什么样的效果。它与结果（产品或服务）相关。“何时”与开始和结束流程（活动）的时间以及应执行程序特定步骤的时间表有关。“何地”描述了流程的地点。它可以是公司内部或外部的特定设备、部门或单位。“由谁做”是指由谁负责执行程序。“如何

① 也称作操作程序。

做”说明了按照时间表需要执行哪些步骤才能提供所需的程序效果。

如果程序为这些问题提供了清晰、准确且不容置疑的答案，那么它就是一个好程序。一个好程序总是一次解释一个活动！按照好程序，受过教育、技术熟练和训练有素的员工总是会生产出好的产品（或提供好的服务）。

差程序是公司中可能发生的最糟糕的事情。这不仅会破坏所提供的产品或服务，还会给公司带来不利的氛围。如果程序未经过测试且未提供员工的反馈，则该程序不合格的可能性很高。

让我们举一个与程序有关的“哲学示例”。

很久以前，一位明智的老教师向他的学生传授了“生活的基本原则”。他把一个玻璃罐和大量的橘子带到教室，并告诉学生，他将尝试用橘子填充罐子，以最大限度地增加里面的橘子数量。过了一段时间，他把罐子拿给学生看，问他们是否可以放更多的橘子。学生们说这是不可能的。然后，他问他们是否可以在里面放点别的东西，但答案也是否定的。

老师离开教室，很快就回来了，带着一袋大米。他开始将大米倒入其中，不时摇动罐子，以使罐子中的大米数量最大化。装完大米之后，他问罐子里是否还可以放些东西。学生们知道了窍门，但是他们想不起其他东西，所以他们的回答还是否定的。老师再次离开教室又回来了，这次带了一袋砂糖。学生们大吃一惊，老师重复了装大米的程序：他往里面倒砂糖，不时摇动罐子。完成后，他再次问学生：罐子里还可以放其他东西吗？学生们“挖掘”他们的大脑，但是他们什么也想不出来。老师最后一次离开教室，然后又回来了，但是这次带的是装着热咖啡的水壶。他开始将咖啡倒入罐子中，当罐子装满时，他停了一会儿，等待糖被热咖啡溶解，从而腾出空间来倒入更多的咖啡。学生们既沮丧又印象深刻。然后老师告诉他们：

> 这个罐子象征着生活！生活中充满了橘子、大米、砂糖和咖啡。橘子代表你应该努力实现的人生大事。大米象征着实现生活中的大事所需的食物和其他东西（吃、睡……）。砂糖象征着生活中甜蜜的东

西或娱乐和有趣的活动。光有工作和饮食是不好的：你还应该找时间娱乐。一旦你的生活中充满了大事、美食和娱乐，你还应该找时间喝咖啡，因为咖啡是生活的社交组成部分。

就像我之前说过的，这是对待生活的“哲学”方法，但我喜欢它，因为它也非常适用于程序。程序应满足系统的主要目的（橘子，大事……）。员工必须明白程序是不可避免的（大米、饮食、睡眠……），并且他们必须享受执行程序（砂糖、乐趣……）。完成整个程序的流程后，员工应该喝杯咖啡放松一下！

当然，大多数人不遵循这位明智的老教师的程序，并且很多管理人员没有在他们的公司中执行这些程序[①]。但是执行程序是一项义务：没有程序，就没有体系！

在流程中遵循程序将为产品和服务带来必要的质量和安全。当然，程序的构建应使员工（连同他们的知识和技能）不可避免地达到所要求的质量或安全。不遵循程序将导致产品或服务的质量降低和/或危害安全，因此这可能是导致员工被解雇的原因。必须对员工进行程序方面的培训。此外，如果他们缺乏执行程序所需的特定知识或技能，则体系将失败。

1.7 体系变更

体系是一个动态且复杂的结构（请参见第 1.1 节），并且始终处于活动状态。它的正常功能在需求、愿望和现实之间保持平衡。人、设备和程序的不断变化，有时是由于改进，有时是由于解决问题，但是这些变化是体系的正常动态行为。变化包含有意的（管理人员进行的）和意外的（通常是由于外部影

① 或者执行形式上的程序。

响、征候[①]或事故[②]造成的)。公司应该为意外的变化做好准备，并且应该知道如何实施有意的变化（必须谨慎进行）。此处重要的是，两种类型的变化都不得危害体系的功能。

有意的变化可以应用于系统的特定元素（人员、设备或程序），也可以处理元素之间的相互作用。当我们注意到系统的某些错误或不够完善时，第一种变化是自愿的。这是一个受控的变化，它的目的是保持系统及其需求之间的平衡。进行此类变化的原因通常是为了改进，并且变更管理的规则适用于此。并非所有员工都知道体系的实际情况。他们中的大多数人无法识别潜在的失效或需要改进的地方，只有在发生某些事情时才会注意到。但这并不奇怪。其他员工有其他的责任，管理体系是体系部门员工的工作。其他员工通常对体系的功能有错误的看法。人们通常不愿改变生活。他们躲在随着时间的流逝而养成的习惯后面，任何改变都使他们感到不舒服。因此，如果没有（通过事实）向员工提供有关该特定变化需求的明确而有力的解释，变化可能不会成功。许多管理人员低估了员工的内在力量，但他们是错的。员工在任何体系中的行为均受该体系所施加的目标和限制的控制，如果管理人员希望员工的工作绩效处于较高水平，则必须让员工得到管理人员的尊重。应从公司利益角度，向员工提供每项变化的说明。必须让员工感到自己是体系（公司）的一部分和整体活动的一部分，从而也可以为变化做出贡献。

如果有员工离开公司或需要增加产量，通常会引起员工需求变化，我们需要补充员工。在这两种情况下，新员工都需要时间来适应。适应包括对新工作的培训，以及对公司和内部流程的熟悉。应提供体系功能方面的培训，以及按需对安保、安全和操作程序进行特殊培训。通常，必须建立对新员工的特殊监督，并且必须实施特殊的应急预案。当然，在特殊时间段之后，当监督确认新员工已准备好履行其职责时，所有这些措施都可以取消。

---

① 征候是指造成设备和资产特定损坏和人员受伤的事件。

② 事故是指造成设备和资产全部损坏和人员伤亡的事件。

设备的变化通常随着新技术的出现而发生。通常，变化是依照特定的计划按步骤进行的，不会危及公司的正常运转。我们应注意两个方面：新设备的购买和安装以及员工使用新设备的培训。

程序的变化通常是由于工作组织的变更而发生的。这里的问题是确保员工理解程序变化的原因，并为新程序提供培训，因为这是在建立他们的组织文化。

解决体系问题的最常见方法是改变程序。程序是动态文件，需要适应生产的现实和现状。如果体系（人员或设备）中的某些内容发生改变，则程序必须遵循该改变。这是有关体系的最重要的事情之一。

当然，程序的有意变化必须有一些操作要求，这些要求并不是仅针对表面的变化。但是一个程序的变化可能会影响其他程序，因此体系必须始终处于平衡状态，而系统管理人员（与系统部门一起）对此负责。他（她）必须“衡量”变化后的程序对体系其余部分（其他程序）的影响。程序的变化（与公司的整体生产相同）需要团队合作。管理人员将监视系统的表现，如果他（她）发现有问题，团队将再次开会并讨论问题及其可能的解决方案。

在公司运行期间出现问题时，也会引起变化。没有关于何时以及如何发生变化的规则，但是最重要的是对变化进行控制。这就是为什么应始终监视体系的原因：当一个特定的问题还很小，没有能力影响公司的健康状况时，就认识到这个问题。

在本书的后面，我将谈到体系的某些意外的变化。

1.8 高层管理人员和系统

高层管理人员是指公司中负责公司内部不同流程的人。在某些公司中，高层管理人员是公司中最高级的员工，有时包括部门或科室领导，以及被称为首席执行官（CEO）的负责人。

公司高层管理人员的行为有时会造成“组织错误”[1]。尽管首席执行官通常会启动体系实施，但有时他们会无意间因其决策而创建不良体系。原因是大多数首席执行官都致力于公司的经济发展，而不明白产品（或所提供的服务）的质量和安全是公司收入的更大推动力。我遇到过很多管理人员，也和他们中的许多人共事过，可以说他们中 80%的人甚至连质量和安全体系的基础知识都不懂。

许多监管部门都认识到这一点，并试图改变这种情况。所有ISO 9001 标准都有特定的章节要求高层管理人员致力于质量，但这通常被高层管理人员所忽视。航空监管部门也认识到高层管理人员在安全问题上的这一要求，他们也要求高层管理人员对安全工作尽心尽力。但是，现实却大不相同。

对首席执行官来说，不熟悉体系要求不是问题，但如果他们不考虑处理这些系统的质量或安全管理人员的建议和提议，就成了问题。在质量或安全与经济之间做出不合理的妥协（权衡）是许多首席执行官的基本弱点。

---

① 将在本书的后面进行解释。

2 质量 - I

2.1 引言

20 世纪 40 年代后期和 20 世纪 50 年代初，威廉·爱德华兹·戴明（William Edwards Deming）[①]在日本首次实施了质量管理，但理论基础是 1923 年由另一位美国人沃特·阿曼德·休哈特（Walter Andrew Shewhart）[②]建立的。戴明并没有参与质量思想的形成，而是采纳了休哈特的理论，并在实践中发展和实施，之后对日本工业产生了巨大的影响。他的想法当时并未被美国所接受，但在日本的“经济爆炸”之后，他又回到了美国，继续他的传播质量科学的工作。他提出了质量管理的 14 条关键原则，尽管这些原则至今仍然有效，但是许多负责质量管理的经理并没有意识到这些原则的重要性。

这些原则在戴明的《摆脱危机》（*Out of Crisis*）（1982 年）一书中进行了介绍，由于其在代表质量基础方面的重要性，因此必须提及这些原则。如果不严格遵守这些原则，试图提高产品质量通常是不会成功的。

戴明的 14 条原则如下。

1. 创造持续改进的产品和服务，以提高竞争力。这将使你能够继续经营并提供工作。

2. 接受新方法，因为这是一个新的经济时代。应对挑战，学会责任，承担

① 美国工程师、统计学家、教授、作家、讲师和管理顾问。他在质量方面的进步发生在第二次世界大战后他前往日本帮助日本建立自己的工业。

② 美国物理学家、工程师和统计学家，曾在西电公司和贝尔实验室工作。他被称为统计过程控制（SPC）之父，该过程是提高过程质量的有力工具。

领导职责。

3. 不要依靠控制来达到质量。首先致力于将质量融入产品中。

4. 不要以价格标签来判断产品。降低总成本。尝试为任何产品找到单一供应商，并建立忠诚和信任关系。

5. 对生产和服务进行系统改进，提高质量和生产率，并尝试降低成本。

6. 建立在职培训程序。

7. 建立领导力。监督的目的应该是帮助人员和设备尽其最大能力来完成工作。对管理人员和生产工人的监督应基于改革的需要。

8. 勇敢但也要放松，从而每个员工都希望为公司工作。

9. 消除部门之间的障碍。实施团队合作，以发现生产中的问题以及产品或服务出售给客户时的问题。

10. 对员工的要求要合理，尤其是在零缺陷和新的生产率水平方面。这可能会产生不利的态度，因为大多数问题属于系统，并且超出了劳动力的能力范围。不要夸大基于目标、数字和数字目标的工作标准（定额）和管理。

11. 提供并支持小时工享有工作为荣的权利。监督者的责任必须平衡。

12. 允许管理和工程方面的人员享有工作为荣的权利。这意味着没有年度或绩效排名，也没有目标管理。

13. 建立并支持平衡的培训、教育和自我完善方案。

14. 让公司员工参与进来，以帮助他们完成转变。公司内部的变革是每个人的工作。

此外，戴明还提出了实现产品质量的流程。此过程称为PDCA①（计划、执行、检查、处理）周期。这意味着，当你开始生产新产品时，首先需要制订一个有关如何进行的计划。执行计划并检查一切是否按照计划进行。如果需要更改或调整某些内容，则进行处理。

接受这些原则后，质量有了巨大发展。最初建立了质量控制（QC）和质

---

① PDCA被列入ISO 9001：2008 的建议。

量保证（QA）的概念，但是，质量管理以系统方法的形式有了进一步的发展。系统方法意味着需要在公司中实施由人员、设备和程序组成的管理系统。

20世纪80年代，国际标准组织（ISO）引入了第一个国际标准系列。它们基于英国BS 5750标准，包含12个标准，称为ISO 9000系列。后来减少到了9个，目前只有1个标准（ISO 9001：质量管理体系—要求）。另外两个文件（ISO 9000：2005—质量管理体系基础和术语以及ISO 9004：2000—质量管理体系业绩改进指南）在澄清ISO 9001方面提供了更多帮助。2015年11月，最新版的ISO 9001：2015标准发布。ISO 9001是最受欢迎的ISO标准，它甚至影响着今天的行业。

当今的质量基于系统方法，质量管理体系（QMS）中使用了大量的工具和方法来提高产品和服务的质量。其中一些工具包括根原因分析（RCA），故障模式和影响分析（FMEA），故障模式、影响和危害性分析（FMECA），石川图（鱼骨图），帕累托（Pareto），5Why，实验设计（DoE），统计过程控制（SPC）等。大约有500种不同的工具可用来提高质量。此外，还有其他方法，如全面质量管理、六西格玛（Six Sigma）和精益六西格玛。其中一些针对制造效率和有效性，不仅提高了质量，而且还提高了经济性。

2.2 质量的定义及澄清

质量的定义因行业和组织（公司）而异，有时甚至取决于同一公司中的不同部门。但是，如果你在考虑“真实情境”的情况下定义质量，则最好使用互联网。

在线英语词典提供了几种定义，其中大多数是语言定义。你还可以在那里找到一些与词典中提供的“语言定义”无关的定义。其中大多数是在网站上提供与质量相关的信息（服务、咨询、培训等）。所有这些定义都有一个共同点：将质量解释为“符合目的”。这意味着，如果你需要将“某物”用于特定目的（用途），并且“某物”符合了其目的，那么“该物具有良好的质量”。

在制造业中，产品的质量与客户息息相关：如果产品（或服务）满足客户的需求，就是好质量。对于制造业，还意味着：如果这种产品销量大，那么它就是高质量的产品。

通过销售业绩衡量质量有些奇怪，但这就是我们的世界。该定义的问题在于它与客户联系在一起，而客户并不总是对"要求"严格。满足客户意味着产品（或服务）满足客户的期望（或要求）。但是通常客户并不完全了解他们的需求。而且，对他们来说，整体质量概念很奇怪，大多数人不了解为什么类似产品的价格不同。因此，他们往往更看重价格而不是质量。此外，如果我们遵循客户（或市场）的要求，那么我们将破坏创新。我们无法开发出客户尚未提出或要求的其他任何东西。人性之美在于我们可以创新一些改变我们的生活并完全重构我们的思维方式的东西。我们可以通过以下示例进行说明。

苹果公司（在史蒂夫·乔布斯的管理下）生产了许多客户实际上并未要求的产品：MacBook、iMac、iPod、iPad、iPhone等。尽管如此，这些产品还是非常成功的，因为它们可靠且有用。我确实相信iPod改变了音乐产业，并且iPad（iPhone）和iMac对于（至少）稍微熟悉这些花哨设备的人来说都是理想的选择。这些产品非常出色，仍然处于值得实现的标准。如果史蒂夫·乔布斯（Steve Jobs）仅遵循他的客户的意愿，那么这些产品将不存在。他通过不断努力突破技术界限和客户期望而领先于时代，这就是他的公司生产了迄今为止最好的产品的原因。

我的父亲是一名工程师，他使用了以下有关质量的例子（这对我很有用，但不是"科学的"）。在 20 世纪 60 年代，他在德国学习了两年的自动化，回国后买了一辆瓦特堡（Wartburg，东德生产）。同时，我的堂兄买了一辆欧宝Kadett，我父亲说那是一辆高品质的车。7 岁那年，我期望我们将拥有世界上最好的汽车。当我问他为什么欧宝Kadett比我们的Wartburg更好时，他告诉我他在德国的欧宝工厂里，看着工程师们如何测试他们的汽车。如果欧宝Kadett的驾驶员以 120km/h的速度行驶并立即踩刹车，则汽车将在 100m后停下来并在沥青上留下直线轮胎痕迹。我父亲说："如果我们对Wartburg进行同样的测试，它在车顶着地停下来之前可能会翻滚几次。”

让我们看一个简单的例子，我借用这个例子向不太熟悉质量术语的员工解释质量。我向员工讲述，当我在一家高科技公司担任质量经理时，我通常在跳蚤市场购买灯泡，灯泡的价格为 33 美分，通常可使用 2 个月。在跳蚤市场关闭之后，我不得不从一家商店购买，每个灯泡的价格为 66 美分，但作为回报，它们持续了 8 个月。因此，以 2 倍的价格获得了 4 倍的耐用性。为什么？因为 66 美分的灯泡的质量优于 33 美分的灯泡。当然，价格不一定是质量的指标，但是质量更好的产品（和服务）通常价格更高。

2.3 质量及其特征

现在，让我们尝试在另一种情况下进行分析。

最初，我购买的灯泡价格为 33 美分，使用 2 个月。之后，我开始以两倍的价格购买灯泡，并将耐用性提高到原来的 4 倍。我通过产品的耐用性来定义质量。但这不是质量：这是可靠性！请记住，灯泡故障时无须维护，我可以说灯泡的耐用性也可以衡量其可靠性。这只是出于“定义”的目的，根本不是科学的。但是，这是大多数人对质量的看法。

如果我希望“科学地”评估质量，那么我将设计一个目标明确的实验：测量灯泡的可靠性。我从前面提到的两种来源购买 1 000 个灯泡；在一间房间内将所有灯泡接上电线，然后打开它们。我将每小时检查一次情况，并记录所有灯泡的类型及其烧坏的时间。我将计算平均时间和标准偏差，并获得有关特定类型灯泡的可靠性的“科学”知识。

但是有必要这样做吗？

并不是的！前面讲到的例子（两种类型的灯泡）并不是要对质量进行“科学的”解释，而只是提及一种对质量的感知，即可靠性。实际上，质量由许多这样的感知组成。这些感知中的每一个都是产品的特定特征，可以视为产品（或提供的服务）整体质量的一部分。可靠性只是这些特征之一。

质量的某些定义与前面的例子有关。如果我花了 2 倍的钱来买一个灯泡，而灯泡的寿命只有更便宜的灯泡那么长，那将意味着我蒙受了损失。但是，我购买的更高价格的灯泡使用寿命却延长到原来的 4 倍，超出了我的预期。表示灯泡质量的特性并不多，可靠性可能是最重要的。也许我可以根据产生的光的强度或能源效率来考虑质量，但这排在特性清单的末尾。当然，不同的产品（或服务）将具有影响整体质量的不同特征，这意味着每种产品都会对质量产生不同的感知。

为了进一步阐明，我将使用汽车行业的另一个例子。许多年前，在一本欧洲杂志上介绍了七辆“高端”汽车的基准测试结果，目的是寻找当年的最佳汽车。这些车包括法拉利、保时捷、迈凯伦、梅赛德斯等，都是两座车。对这些车进行了不同特性的测试：舒适性（空间、设备等），速度，经济性（油箱容量、汽油消耗等），马力（以 0 至 100km/h的速度表示），行驶测试（城市、平原和山区道路），安全性和价格。这些特征中的每一个都是汽车质量评估的一部分，并且根据测试给出了每个特征的分值（由汽车专家打分）。最后，将所有分数加在一起，并宣布了最好的汽车：梅赛德斯。也许这对许多人来说并不奇怪，但是有一个非常有趣的方面：梅赛德斯在任何一个类别（舒适性、速度、功率等）中从未排名第一。但是最终它获得了第一名！

这是怎么回事？

你不能最大化每个特征，仅仅是因为最大化其中某些特征，你会不情愿地最小化其他特征。如果你想提高速度，则需要一个强大的发动机，该发动机将燃烧大量燃料，因此你可以获得更多的速度积分和更少的经济积分。跑得快的车必须是重量轻，并且使用轻质材料，这会导致安全性降低或更昂贵。另外，使用重的材料会迫使你使用更多的动力，最终会导致更多的燃料消耗。如我们所见，妥协无处不在。梅赛德斯之所以获奖，是因为他们在所有必需的特性方面做出了平衡的妥协。其他制造商不喜欢进行特殊的调整，因此他们只在未做出妥协的类别中排名第一。

因此，我对质量的定义是：“质量超出了对所提供产品或服务的所有或任何特定特征的期望。”该定义包括两个部分。第一部分与前面的梅赛德斯例子相关，它涉及比较所有特征的方面，作为产品整体方法的表示。第二部分针对比较个性特征和采用不同的汽车评估方法。例如，如果我想要最好的汽车，我会购买一辆梅赛德斯。但是，如果我想提高速度和加速度，也许舒适性、安全性、价格和汽油消耗对我来说并不重要。因此，我将选择专注于这两个特征的汽车，而忽略其他特征。显然，在这种情况下，我的汽车将不是梅赛德斯，而是法拉利、迈凯伦或保时捷。

需要理解的最重要的一点是，不仅对于不同的产品（所提供的服务），而且对于相同的产品和所提供的服务，质量都有不同的方面，质量取决于（通常无法做出正确选择的）消费者指定的要求。

2.4 测量质量

当今世界，有许多方法可以测量质量。我将使用两种我认为重要的测量质量的方法。第一种是通过单个产品的质量来表示的，并且不影响整个质量管理体系。换句话说，如果一个产品质量好，并不表示质量管理体系好。测试单个产品使制造商能够将优质产品投放市场，但是如果他们测试 100 个产品且拒收数量为 10，则意味着拒收数量可能很大（这意味着质量管理体系没有提供好质量）。

第二种是通过次品率来表示的，它实际上测量的是整个质量管理体系。这意味着出色的质量管理体系将产生出色的产品（或提供出色的服务）。次品数量可能使我们对整个质量管理体系有更好的了解。质量领域的最新创新产品——六西格玛正是这样做的。

我将讨论这两种测量。

2.4.1 测量产品的质量

几年前，我和一位同事一起在柏林的库达姆大街上行走。有两家相邻的商店。在第一家店中，我可以以 60 000 德国马克的价格购买最新的梅赛德斯S级车；在第二家店中，我可以以相同的价格 60 000 德国马克购买最新的劳力士手表。我的同事问：如果你有 60 000 德国马克，你会买什么？我没有回答这个问题，因为我没有钱。无论如何，拥有汽车与日常生活活动息息相关，但拥有劳力士则与你的社会地位息息相关。当时我还是位年轻的工程师，正为生存问题而苦苦挣扎，所以我没有特权购买可以提高我的社会地位的东西。因此，购买梅赛德斯不仅是车，而且是身份的象征，对我来说似乎是合乎逻辑的事情。

尽管如此，车和手表都代表了技术和技能的完美结合，我很难理解两种不同的物品（一个重 1 500 kg，另一个重 250 g）如何具有相同的价格。显然，制造这种手表所需的精度与制造汽车所需的精度之间存在差异，这使我认识到质量与事物的大小或美观无关。因此，通常你无法比较劳力士和梅赛德斯，但可以比较适用于每种产品的特性（如可靠性、准确度、精度等）。

当我进入质量领域时，我意识到质量介于科学与艺术之间：质量的科学性是因为它使用最佳技术来改善其特性，质量的艺术性是因为在管理质量时，你正在付出与世界各地创造艺术杰作相同的奉献精神来创建一个系统。

测量产品质量包括确定产品特定特性的准确度和精度。这意味着，如果没有以特定的准确度和精度生产出产品的测量特性（规格），则该产品将无法在特定的环境下发挥其作用。

在第一章中提到了精度，这里我要解释什么是精度。测量准确度变化称为精度。如果我们不断重复测量（对于每种产品），则这些测量值的变化必须很小。解释它的最好方法是看看图 2.1 中的靶上的枪眼。为了准确起见，枪眼需要靠近目标中心。确切地说，它们需要彼此靠近。因此，靶A表明射击准确且精确，而靶D表明射击既不准确也不精确。

要获得产品质量，你必须同时提供准确度和精度。准确度和精度始终是非常重要的质量特征。没有准确度和精度，我们就谈不上质量。校准用于评估精度，而统计过程控制（SPC）是实现精度的工具。劳力士手表（虽然有很多的

图 2.1 准确度和精度

零件）在占用空间方面需要更高的准确度和精度。较小的产品意味着较小的容差，对准确度和精度有更高的要求。实现这一点将延长生产时间，并使产品更昂贵。

不同的行业对质量有不同的看法。

在航空领域，导航服务（作为通信、导航、监视的一部分）由助航设备（地面或天基设备）提供，这些助航设备向飞机发送信号，允许机载导航设备对飞机进行导航。这意味着，使用这些信号，飞行员可以获取与飞机的位置和到达目的地（特定机场）的方向有关的信息。

地面和天基助航设备①应该具有特定的质量水平，可以通过以下特征来测量：可用性、完整性、可靠性和服务连续性（CoS）。国际民航组织（ICAO）是世界上最重要的航空监管机构，它不负责监管所使用的这些设备。国际民航组织规定了地面助航设备必须发射的“空间信号”。这种设备的制造商自行决定如何实现这些特征，这些特征定义了“空间信号”的质量。所有这些都是对设备的性能要求，它们是对地面或天基助航设备质量的测量。航空法规对所有这些特征都有准确的定义和规范。当然，准确度和精度与所有这些性能要求有关。

不满足上述任何特征都意味着牺牲安全性，这是质量下降带来安全后果的

① 下文提到的分数不仅完全适用于设备，而且也适用于体系。

个很好的例子。解释这些特征很重要，因为它们的计算从设计过程开始，并影响到安全-Ⅱ。

可用性测量的是飞机所飞空域中导航信号是否可用。没有信号—没有导航；因此，失去信号的可用性，我们将失去一切（准确度、精度、完整性、可靠性、服务连续性）。这意味着不提供导航服务，使得质量无法实现。可用下面的公式计算可用性（更多说明，参阅图 2.2）：

$$可用性 = \frac{AOT}{SOT} \times 100\%$$

完整性是导航设备控制自身并告知用户设备瞬时状态的能力。这意味着当设备出现故障时，它必须通知用户该信号不好，不能用于导航目的。如果不存在此特征，则飞行员可能会跟随错误的信号，这将导致引导飞机与高山或建筑物碰撞。完整性无法测量，但可以通过数学分析［使用故障树分析（FTA）、FMECA等］进行证明。完整性的主要属性是预警时间（TTA）。这是从设备出现故障到将此信息传递给飞行员的时间。当然，这个时间必须非常短，或者最好是立即。从昨天开始设备就有故障，明天才将这些信息传递给飞行员（尽管他今天要飞行），这就叫作"邀请魔鬼共进晚餐"。

完整性是通过不断监控设备来实现的。由人还是使用设备进行监控都没有关系，但必须进行监控，并且（设备出现故障时）必须执行特定的应急计划或行动程序。在其他行业中，完整性监控是在所谓的控制室中进行的，控制室中

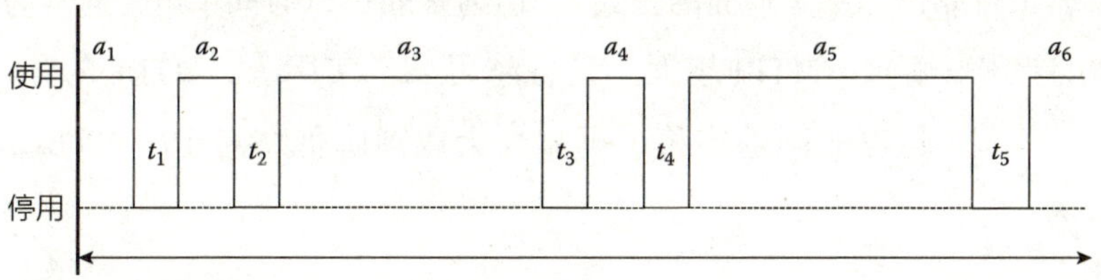

实际工作时间（AOT）$= a_1+a_2+a_3+a_4+a_5+a_6+\cdots+a_n$
不工作时间（NOT）$= t_1+t_2+t_3+t_4+t_5+t_6+\cdots+t_n$
特定工作时间（SOT）= AOT + NOT

图 2.2 AOT、NOT和SOT的定义

有来自不同测量站的数据进入并显示在屏幕上。一定数量的操作员查看并检查数据。如果数据不在允许的容差范围内，则执行特定的操作。

可靠性（R）实际上是我们对设备的信任程度，换句话说，它是设备在特定时间段和特定正常工作条件下不会发生故障的概率。

可靠性通过以下公式计算：

$$R = 100\% \times e^{\frac{-t}{\mathrm{MTBF}}}$$

式中，t为我们计算可靠性的时间，MTBF为平均故障间隔时间，可以通过以下公式计算：

$$\mathrm{MTBF} = \frac{\mathrm{AOT}}{n}$$

式中，AOT为实际工作时间，n为AOT期间的故障次数。

这里要提到的重要一点是，可靠性是使用已知数据计算得出的，用于确定设备内部每个要素的可靠性。有许多提供此类数据的文档；最好的是名称中包含缩写MIL-HDBK的文档。这些文档由美国国防部编写，可以为计算可靠性提供很好的指导。最受欢迎的一个是MIL-HDBK-217F“电子设备的可靠性预测”，专门用于计算电子设备的可靠性。

从公式中可以看出，当我们开始使用设备时，可靠性值是最大的。后来由于设备磨损而下降，尤其是如果不按建议使用设备或维护不善时。尽管可以通过图形表示可靠性（基于前面的公式），但通常通过以时间单位（通常为小时）表示的MTBF来衡量。MTBF越大，设备越可靠。实际上，MTBF充当可靠性的“翻斗车”，随着时间的推移，可靠性会逐渐降低。对于t=MTBF，可靠性公式为：

$$R = e^{-\frac{\mathrm{MTBF}}{\mathrm{MTBF}}} = e^{-1} = 0.367\,7$$

从结果来看，我们可以说一台特定设备在给定的MTBF时间内无故障地工作的概率等于36.77%。换句话说（使用产品），经过MTBF时间后，只有

36.77%的产品可以使用。

图 2.3 显示了所用设备（或产品）的MTBF值与时间的关系。最上面的虚线显示了MTBF的计算值。计算值实际上是设备或产品可靠性的预测值。正如我们在一开始就注意到的那样，由于设备对工作环境的适应以及操作员对设备适应而产生的一些故障，实际MTBF较低。即使操作员接受了有关设备的培训，他们仍然没有经验，需要“学习”设备在实际工作中的“行为”，当然，这需要时间。因此，最初的故障很可能是由于操作员的知识不足和维护做法不佳所致。之后，故障数量减少，MTBF达到了一个接近于预测值（绿线）的恒定值。如果两年后仍未达到计算出的MTBF（或未趋向于预测值），则说明存在问题。这意味着应检查计算、设备的使用或维护。

可靠性的产生在设计过程中就开始了，我们稍后再讨论这个问题。

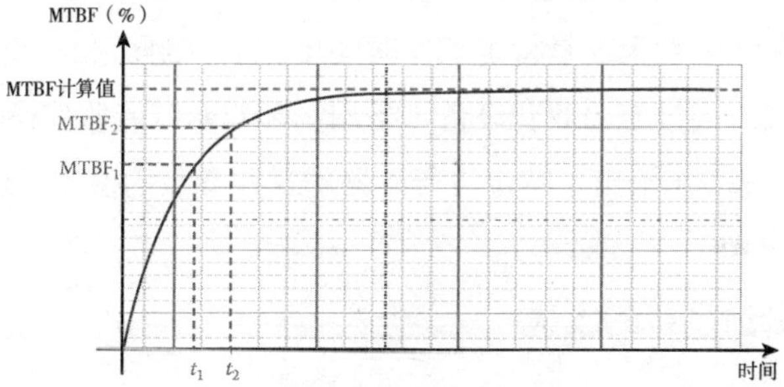

图 2.3 MTBF与时间

表 2.1 用于天基助航设备（GPS、GLONASS、伽利略等）的一些质量特征的要求值

	完整性	服务连续性	精度	可用性
航路	$1\sim1\times10^{-7}$/h	$1\sim1\times10^{-4}$/h 至 $1\sim1\times10^{-8}$/h	3.7km	0.99 至 0.999 99
航路、终端	$1\sim1\times10^{-7}$/h	$1\sim1\times10^{-4}$/h 至 $1\sim1\times10^{-8}$/h	740m	0.99 至 0.999 99
初始进近、中间进近、非精密进近、离场	$1\sim1\times10^{-7}$/h	$1\sim1\times10^{-4}$/h 至 $1\sim1\times10^{-8}$/h	220m	0.99 至 0.999 99

续表

	完整性	服务连续性	精度	可用性
类精密进近（APV Ⅰ）	$1 \sim 2 \times 10^{-7}$（每次进近）	$1 \sim 8 \times 10^{-6}$/h 任何 15s内	20m	0.99 至 0.999 99
类精密进近（APV Ⅱ）	$1 \sim 2 \times 10^{-7}$（每次进近）	$1 \sim 8 \times 10^{-6}$/h 任何 15s内	80m	0.99 至 0.999 99
Ⅰ类精密进近	$1 \sim 2 \times 10^{-7}$（每次进近）	$1 \sim 8 \times 10^{-6}$/h 任何 15s内	6 ~ 4m	0.99 至 0.999 99

服务连续性（CoS）是在特定时间段内可以使用该服务的概率，当我们开始使用该服务时，知道该服务是 100% 可用的。对服务连续性的重大影响是不工作时间（NOT）。如果我们让不工作时间很小或者我们花很短的时间修理[①]设备，则可以改善服务连续性。这意味着设备的维护和修理应由熟练且训练有素的专业人员使用正确的设备进行。安装前应演示服务连续性。制造商提供的分析证明，服务连续性至少是特定工作时间（SOT）的两倍。

在航空领域，通过使用双套设备（备用）和双套智能监控设备，可以改善所有这些特征。表 2.1 给出了特定飞行阶段的这些参数的值（仅作为示例）。

2.4.2 测量系统的质量

系统（质量管理体系）的质量可能看起来有些奇怪。质量管理体系的质量（质量出现两次）看起来像“鹦鹉学舌”。但是，如果我们将质量管理体系视为一种产品，那么我们必须能够对其进行测量。测量质量管理体系的一种简单的方法是检查戴明有关质量的 14 项原则是否都有效地嵌入质量管理体系。如果这些都存在并执行，那么你的质量管理体系应该没问题。

但情况并不是那么简单，并且不应该忘记一个非常重要的真理：提高系统质量并不意味着你正在提高产品质量！好的质量管理体系应产生监测、控制和

① 通常，用平均修理时间（MTTR）表示，并且不得超过 30min。

改善产品质量的条件。产品的质量是通过使用特定的材料来提供所要求质量的过程产生的。如果我们想提高产品的质量，那么我们需要干预过程或材料的选择。材料与价格有关，在此我不再赘述。但是，每个过程在提高产品质量方面都有局限性。当达到这些限制时，只有通过使用不同的过程才能进一步提高产品质量。特定的过程将产生相应质量的产品，但由于过程参数的可变性，并非所有产品都将取得相同的结果。某些产品无法满足要求的容差，从而将成为次品。因此，通常，同一过程的改进意味着进行减少次品数量的活动，而这与提高产品质量无关。

让我们回到前面提到的灯泡例子。灯泡的质量取决于耐用性。更长的耐用性意味着更好的质量。它们由固定的机器、材料、技能和员工知识组成的系统（程序和过程）生产。提高灯泡的质量（延长耐用性）将需要更好的材料以及其他加工方法。这意味着新材料的生产将导致使用更新的机器、提高的技能和更多的知识。换句话说，将需要其他过程。

但是处理次品意味着在不改变现有工艺的情况下提供最大限度的成功执行。这可以通过员工的积极性、提供更好的培训来提高知识和技能、消除工作岗位的压力等方式来实现。因此，质量管理体系的质量（针对产品的特定质量）可以通过产生的次品量来衡量。

对照戴明关于质量的14条原则检查执行情况，属于定性评估。很久以前，一个聪明的人说过："不能用数字表达的东西就不值得讨论。"在用数字表达某些内容的时候，我们融入了科学，并且实际上提高了产品声明中的可靠性和完整性水平。因此，我们需要进行定量评估。

让我们再来看一个例子。

每个喜欢篮球的人都喜欢看美国国家篮球协会（NBA）的比赛，因此他们对"三双"一词很熟悉。当我们说某些球员达到了"三双"时，我们实际上是在说他们的得分、助攻和篮板球三项同时达到10分以上。例如，一名球员在场上得到26分，并有12次助攻和10个篮板。这对团队的整体发挥产生巨大影响，并且可以多次拿到"三双"的球员是最好的球员。但是从另一个角度来看，这是球员素质的数学（科学）表达。也许它并不能表明球员的风格（观众非常关注的方面），但是毫无疑问，这些数字可以表达他对获胜球队的贡献。因此，使用数字是一种表达一切的科学方法，我们没有理由不使用它来表达质量管理体系的质量。

当然，我们需要找到一种使用数字来衡量质量管理体系质量的方法。我们可以从“六西格玛”方法中借鉴这种方法。

六西格玛是摩托罗拉公司在 1986 年由比尔·史密斯（Bill Smith）开发的一套提高质量的技术。摩托罗拉注意到有必要提高其产品质量并减少次品率。因此，他们提出了一种基于统计过程控制的方法，并使用了大多数已知的工具来分析、监视、控制和改善质量。1987—1993 年，摩托罗拉通过减少 94%的产品缺陷来提高生产质量。后来，六西格玛被美国其他公司接受为质量标准。它不会取代质量管理体系，但肯定会使它变得更好。

六西格玛用于提高产品规格的准确度和精度。它设计各项活动，以减少产生产品特定质量特性的过程变异性，使其很小以至于几乎不可能出现缺陷。过程变异性是一个统计值，称为标准偏差，用希腊文符号西格玛（σ）表示。这意味着，在根据产品规格测量得到的结果呈正态分布的情况下，标准值附近的变异性为 $\pm 3\sigma$（图 2.4）。所有测量值的 99.73%将位于 $\mu \pm 3\sigma$ 附近，其中μ（希腊字母mu或micro）是所有测量值的均值。但是我们必须记住，在大多数情况下，正常的μ波动不大于 $\pm 1.5\sigma$（图 2.5）。因此，六西格玛使用 $\pm 6\sigma$ 作为标准值，而不是 $\pm 3\sigma$ 的正常值。降低的变异性水平为 6σ，这意味着产品的变异性非常小，以至于产生的次品率不超过 3.4/100 万（PPM）。

六西格玛方法以项目管理为基础，在项目管理中，通过实施特定的项目来改进特定的质量特征。该方法基于使用不同的工具来检测、识别、分析和解决特定问题以达到或提高质量。这些工具由受过培训的专业人员使用，他们使用带有颜色标记的皮带（类似于空手道），按级别进行分级：绿带（GB）、黑带（BB）和黑带大师（MBB）。受过较少培训，能够在提高质量方面做一些简单工作的人可获得绿带。黑带是受过大量培训（最多 4 个月）的人，他们负责实

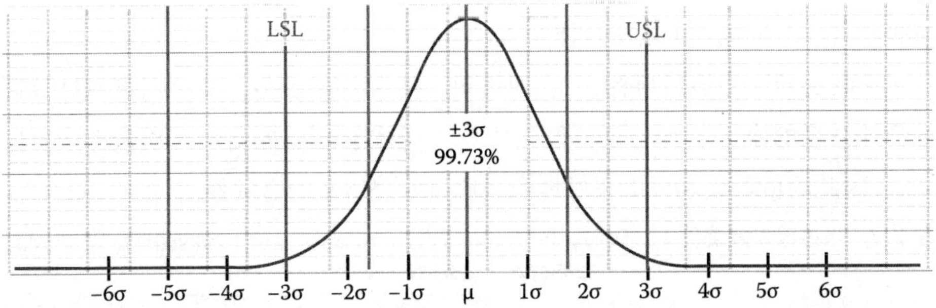

规格限制	规格内的百分比	次品PPM
± 1σ	68.27	317 300
± 2σ	95.45	45 500
± 3σ	99.73	2 700
± 4σ	99.993 7	63
± 5σ	99.999 943	0.57
± 6σ	99.999 999 8	0.002

图 2.4 正态分布（以均值为中心及 ± 3σ）

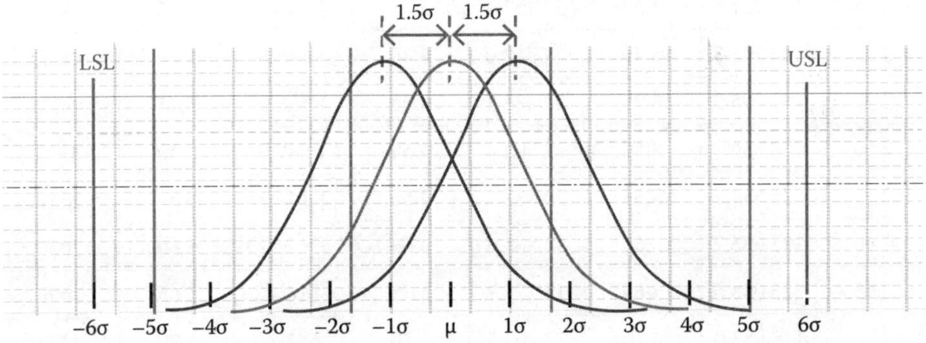

规格限制	规格内的百分比	次品PPM
± 1σ	30.23	697 700
± 2σ	69.13	608 700
± 3σ	93.32	66 810
± 4σ	99.379 0	6 210
± 5σ	99.976 70	233
± 6σ	99.999 660	3.4

图 2.5 摩托罗拉六西格玛概念（ ±6σ ），偏移 ± 1.5σ

施项目以提高质量。黑带大师是负责对绿带和黑带进行培训、参与项目确定并与业务负责人（冠军）紧密合作的人。

降低变异性是最终目标，“六西格玛”使用一张表格，使公司可以计算质量管理体系的水平。别忘了：好的质量管理体系可以提高生产质量（减少次品），因此西格玛级别可以很好地衡量质量管理体系的有效性。

表 2.2　当过程均值偏移 ±1.5σ时，PPM（或每百万产品的次品率）与西格玛级别[a]之间的详细转换（参见图 2.5）

σ	值	Σ	值	σ	值	σ	值
2.00	308 770.2	3.00	66 810.6	4.00	6 209.7	5.00	232.6
2.05	291 352.3	3.05	60 573.4	4.05	5 386.2	5.05	192.6
2.10	274 412.2	3.10	54 801.4	4.10	4 661.2	5.10	159.1
2.15	257 977.2	3.15	49 473.1	4.15	4 024.6	5.15	131.1
2.20	242 071.5	3.20	44 566.8	4.20	3 467.0	5.20	107.8
2.25	226 715.8	3.25	40 060.2	4.25	2 979.8	5.25	88.4
2.30	211 927.7	3.30	35 931.1	4.30	2 555.1	5.30	72.3
2.35	197 721.6	3.35	32 157.4	4.35	2 186.0	5.35	59.1
2.40	184 108.2	3.40	28 717.0	4.40	1 865.8	5.40	48.1
2.45	171 095.2	3.45	25 588.4	4.45	1 588.9	5.45	39.1
2.50	158 686.9	3.50	22 705.4	4.50	1 349.9	5.50	31.7
2.55	146 884.7	3.55	20 182.4	4.55	1 144.2	5.55	25.6
2.60	135 686.7	3.60	17 864.6	4.60	967.6	5.60	20.7
2.65	125 088.6	3.65	15 777.7	4.65	816.4	5.65	16.6
2.70	115 083.0	3.70	13 903.5	4.70	687.1	5.70	13.3
2.75	105 660.5	3.75	12 224.5	4.75	577.0	5.75	10.7
2.80	968 09.0	3.80	10 724.2	4.80	483.4	5.80	8.5
2.85	88 514.8	3.85	9 686.7	4.85	404.1	5.85	6.8
2.90	80 762.1	3.90	8 197.6	4.90	336.9	5.90	5.4
2.95	73 533.6	3.95	7 142.8	4.95	280.3	5.95	4.3

a 表 2.2 中未包含 6σ的值，其与次品有关的值为 3.4 PPM。

表 2.2[①]允许公司（知道其次品数量）计算西格玛级别作为一个数字，以显示其质量管理体系的水平。表中给出了不同的次品值（每百万产品），可转换为一个特定的西格玛级别（左起第一列）。查看表 2.2，我们可以注意到有两个具有不同颜色的字段。黑色字段表示的次品数为 4 024.6 PPM，对应于 4.15σ，灰色字段表示的次品数为 107.8 PPM，对应于 5.20σ。显然，西格玛值越大，次品的数量越少，这意味着 5.20σ的质量管理体系优于 4.15σ的质量管理体系。

如前所述，六西格玛基于项目循环，该项目循环称为定义、测量、分析、改进和控制（DMAIC），它实际上是戴明的计划、执行、检查、处理（PDCA）循环的改进版本。当需要实施特定变更（改进）时，将建立项目。

第一步是定义，即建立项目基础。在这一步中，明确要求，考虑特殊限制，并确定变更的结构。这是预测活动并制订项目计划的步骤。

“测量”专用于建立系统中存在的定量值，以及需要在项目结束时达到的定量值。当提出测量和测试时，这仍然是项目开始的准备。需要找到特定的测量设备和特定的测量方法，以保证项目所需测量的准确度和精度。

“分析”用于分析系统中受变更影响的输入和输出。这是考虑子系统与计划的变更之间的相互作用和关系的步骤。这些相互作用中的许多都会导致故障，因此应该找到并分析故障的根源。这是我们准备调整系统和实施变更的步骤。

从直觉上讲，上一步的延续是“改进”。这是我们实际上实现变更优化的步骤。因此，发现与预期结果不符的任何内容都应在此步骤中进行修正、优化或调整。应特别注意故障的根原因。

在“控制”步骤中，我们将在完成特定变更或改进后监视和控制系统。在这里，应该特别强调变更的有效性和效率以及变更对系统其他部分的影响。为解决特定问题而进行特定变更或改进，同时又产生新问题或“瓶颈”的情况并

① 该表是使用在任何有关“六西格玛”的书中可以找到的更详细的表创建的。

不罕见。因此，一旦定义、测量、分析、改进和控制（DMAIC）完成，就应该再次考虑整个系统的所有活动。

2.5 对质量的错误理解

如上所述，工业质量已经得到了巨大的发展，其中包括大量可用的工具和方法。从质量控制（QC）和质量保证（QA）的简单概念开始，通过实施质量管理体系（可以使用所有这些工具和方法），质量逐渐变为系统化的方法。但是，整个工业仍然存在对质量的巨大误解。我将尝试通过使用航空方面的例子来解释这些误解。

在第一个ISO 9000标准发布之后，飞机和航空设备制造商采取了相当多的措施，以使质量要求适应航空的特定性质。实际上，航空的具体要求是对设备可用性、可靠性、完整性和服务连续性的特殊要求。制造商制定了AS 9100[①]标准，这是在航空业中实施质量管理体系的通用质量标准。出现的问题是该标准主要涉及产品而不涉及服务。但是，航空实际上是运输行业的一部分，向客户提供运输服务。这种运输是通过航空公司，维护、修理和翻修（MRO）单位以及空中交通管理/计算机网络服务来组织的。AS 9100不适用于他们，因此这些单位仍在使用质量控制/质量保证的概念，仍然不理解将质量管理转移到质量管理体系，而质量控制和质量保证只是其中的一部分。

让我们通过从互联网上的航空招聘网站中随机选取的三个简单例子，来解释当前航空公司和MRO单位中对质量管理体系的观点，并希望通过其对“质量人员”的要求来表明公司对质量的错误理解。那么，让我们看一下要求[②]。

① 在欧洲，此标准被称为EN 9100。

② 尽管如此，航空领域的例子也适用于所有行业。

2.5.1 示例 1

欧洲一个成熟国家的MRO单位正在寻找质量保证主管。

我的第一评论是：为什么公司要寻找质量保证主管？如果在计算机上打开欧洲航空安全局（EASA）第 145 部（维护单位许可证）并搜索“质量保证”，你将发现结果为零。实际上，EASA没有“质量保证”要求。EASA要求MRO单位具有一名负责“质量体系”的人员［第 145.A.30（c）款］，并要求建立“质量体系”［第 145.A.65（c）款］。

如果你打开ISO 9001 标准（以Word或PDF格式）并搜索“质量保证”，你将看到一些结果，并且所有结果实际上表明“质量保证”不再存在于ISO 9001 标准中。但是与“质量保证”相关的活动仍用作“监控”和“持续改进”的一部分。

因此，从一开始就揭示了这家公司对整体概念和质量背景的错误理解！你认为他们可以生产质量吗？我对此表示怀疑。

为了澄清起见，我们在谈到“质量体系”时，专门指质量管理体系，没有其他质量体系。

质量管理体系是人员、设备和程序的集合。程序是将人员与设备联系起来的活动，程序需要文件化。因此，人员通过程序来管理设备，但是又需要系统来管理他们（人员）！如果查阅ISO 9000（词汇和定义），你将看到术语质量控制（QC）和质量保证（QA）是相互联系的，并且它们是质量管理体系的一部分。

质量控制定义为“用于满足质量要求的操作技术和活动”（这是ISO 9000 定义）。实际上，质量控制会监控公司提供的产品和服务的质量，并且不允许质量差的产品或服务进入市场。事实上，质量控制不能提高质量：它只能为经理或公司提供一个机会，让他们不会因在市场上出现不良产品或服务而感到羞愧。什么是“不良”产品或服务？在工业中，它是不满足客户要求的产品，但是在航空中，它是不符合规章要求或航空公司或MRO单位规范的产品或服务。在航空领域，“不良”产品或服务不仅是质量问题，而且由于其安全后果，它也是一个安全问题！

质量保证被定义为“为了使产品、过程或服务能够满足给定的质量要求而提供充分信心所必需的所有计划的和系统的行动的集合”（这也是ISO 9000 的定义）。质量保证使用通过质量控制收集的数据并分析这些数据，以寻找制造产品或提供服务的过程中的改进。

质量控制和质量保证实际上是质量管理体系的一部分，它们本身不能替代质量管理体系。但是，质量管理体系不仅是质量控制和质量保证；还有其他组件（文件控制、员工敬业、资源、变更和风险管理、培训等）。质量控制/质量保证还有另一个问题：它们本质上是被动的。当今的质量管理体系正试图成为主动的，这使得仅基于质量控制/质量保证的质量管理体系已过时。

质量控制/质量保证概念仍然很明显存在于许多行业中，尤其是在美国。甚至国际原子能机构（IAEA）仍在使用“质量保证”一词，我们稍后会谈及此问题。

下面列出了公司质量保证主管的职责要求（斜体字）和我的评论。

● *全面监控、支持和参与与质量相关的项目和主题*

关于质量保证，没有太多要做的，但是质量管理体系有很多要做的。

● *质量保证专家组安装和维修的预算和管理责任*

再次提到质量保证一词？该公司是否已实施质量管理体系，有质量经理吗？

● *确保符合所有质量相关的法规*

这几乎是一个需要质量管理体系来涵盖的质量问题，并且与质量保证无关。

● *确认并确保持续的过程优化*

这些是需要质量管理体系涵盖的质量要求，与质量保证无关。

● *为单位领导和质量保证中心提供与整个单位安装和维修质量主题有关的支持和建议*

再次提到质量保证一词？没关系。质量管理体系文档必须涵盖“支持和建议”，并且与质量保证无关。

因此，该公司正在寻找质量保证主管，但他（她）的大部分工作将涉及质量管理体系。他们以后将寻找质量经理（？）或只是不履行质量管理体系要求？我不知道答案。

2.5.2 示例2

来自英国的MRO单位（将为一家知名航空公司进行基地维修）正在寻找质量经理。他们的业务范围包括波音和空客飞机。

我的第一评论是：我不知道为什么他们甚至提到公司将与波音和空客公司合作。质量经理不仅是飞机方面的专家，还必须是质量管理体系专家。质量经理将负责质量管理体系（文件化、程序等）。他（她）必须雇用拥有EASA执照的人员来处理飞机……也许不是？

这是质量经理的职责：

- *与集团质量经理一起，代表公司与民用航空局（CAA）、美国联邦航空局（FAA）和其他适航当局进行维修许可方面的谈判*

当然，质量经理将与CAA、FAA和其他机构进行谈判，但是他（她）仅负责质量管理体系，并且谈判将仅涉及质量领域。维持许可？每个许可都应该由特定的人员负责！

- *保持质量部门的独立性，以使公司符合145.A.65（c）的规定*

我同意。质量部门应是独立的，并与公司总经理（CEO）直接联系。实际上，质量部门的员工不是在为公司工作。他们为客户（局方、乘客等）工作，但由公司付款。这是他们为公司做出贡献的最佳方式。这可能看起来很奇怪，但不幸的是，这是事实。

- *根据第145.A.60的要求，维护和管理公司强制性事件报告（MOR）和指示结果报告（IOR）制度*

当然。这些都是质量问题。

● *保持对EASA 145部、147部、M部和21部以及G分部和安全管理体系基于风险管理的最新知识*

质量经理需要对所有这些文件做什么？“最新知识”是处理这些文件的管理人员的责任。质量经理只负责公司的质量管理体系。

● *质量部门和审计大纲的日常管理和控制*

当然。质量经理对此负责。

● *公司手册的管理*

当然。他（她）对此负责。

● *公司授权系统的管理，以符合现行有效法规，以使员工满足第145.A.35的相应要求*

这实际上是人力资源（HR）的工作。质量经理与此无关。

● *与制造商/供应商就与客户飞机维修有关的质量问题进行谈判*

当然。他（她）对此负责。

● *使用维修差错辅助决策（MEDA）进行调查，并为局方、集团质量经理和总经理编写有关质量、技术和维修问题的报告*

当然。他（她）对此负责。

● *确保在责任领域遵守公司的健康和安全政策*

这不是质量经理的责任。他（她）与此无关。公司的健康和安全政策对处理健康、安全和环境（HS&E）事务的员工负责。

● *审核飞机文件和工作包*

工作包——是的！但是飞机文件——我对此表示怀疑。MRO单位的飞机接收人应检查文件。

● *履行集团质量经理合理指示的其他职责*

为别人买午餐或点心，等等？他将处理任何人指示的所有质量问题，因为这是他的工作：提供质量。

● *向客户和潜在客户展示公司形象，提升公司利益*

这是市场部的任务，而不是质量经理的任务。

该公司发布了 13 项质量经理的工作要求，但实际上只有 5 项与质量管理体系相关。

让我们总结一下这两个示例的评论。

这些公司缺少很多要点，但缺少的主要要点是：保持质量。这必须通过系统的方式来完成，而这种方式是使用质量管理体系。

维护质量管理体系是一项日常职责，并且将永远持续下去。ISO质量标准引入了“持续改进”一词，该要求也适用于航空公司和MRO单位。因此，质量经理必须每天处理质量管理体系，而他（她）不能处理不属于质量管理体系的事务（根本没有时间这样做）。

质量控制和质量保证是过去的产物。那时，质量是质量控制和质量保证，没有别的。如今，质量控制和质量保证只是质量管理体系的一部分，仅处理它们是不可持续的。整个质量管理体系中还有更多的问题，如果缺少某些内容，则不符合规定。

关于质量还有另一个很大的误解，这就是质量的情境。如果我们忘记了质量的情境，我们就无法成功地提供质量。让我解释一下。

我说过，生产高质量产品（或提供高质量服务）的最佳方法是实施和保持质量管理体系。要实施质量管理体系，我们需要进行差异分析、制定程序、培训人员等。当我们实施质量管理体系时，通常我们会忘记上下文（情境）的下半部分要点，这就是：实施和保持（maintain）。用大写字母书写保持，因为这是被遗忘的上下文中最重要的一点。保持意味着对质量管理体系和总体活动进行监控。质量管理体系作为一个体系是动态的，因此，如果发生某些变更，则体系应处理这些变更。

变更有两种类型：意外变更（偶然的）和计划变更。

意外变更（偶然的）[①]是偶然发生的变更，没有何时以及如何发生的提示。

---

① 此类变更是在ISO 9001：2015 中引入实施风险管理要求的原因。计算风险将有助于应对意外变更。

这些变更可能是好的也可能是坏的。好的变更是市场对我们的产品做出积极反应时，我们需要增加产量，而不必降低产品质量（我们将购买更多的机器，雇用和培训更多的人员，调整程序等）。坏的变更是征候和事故（发生洪水、地震、市场危机和大停电等），危及生产或质量。

一个好的质量管理体系必须“灵活”。它必须适应各种变更，必须能够有效并以必要的效率处理这些变更。更进一步说：我们应该预测特定变更引发的质量问题。最好的方法是将这种“灵活性”和“预测”纳入体系的设计中。如果设计阶段未涵盖，则稍后将导致更高的成本。

大多数质量经理（和高层管理人员）不愿意对质量管理体系进行变更。原因是他们认为对系统的有意变更表明他们的质量管理体系内部存在缺陷。在ISO 9001：2008 标准中，有一段内容涉及持续改进，其含义实际上是保持系统。为了质量，我们不能只是保持系统！如果我们保持系统，而忘记了系统的情境（质量），那么只是表面上的保持（无有效性和无效率）。在最新版的ISO 9001：2015 中，删除了“持续”一词。原因是在“质量领域”，普遍的观点是对质量的理解如此透彻，以至于每个人都知道质量改进将是持续的。但在现实中真的是这样吗？我不确定。

没有特定的地方或时间来处理质量问题：必须在任何地方、任何时候！当然，它需要在质量管理体系的“伞”下进行。

2.5.3 示例 3

这是我最喜欢的例子！对于要成为欧洲一家国有低成本航空公司的工程质量经理的人员，要求是：

- 现行有效的EASA第 66 部飞机维修工程师执照，大型现代运输飞机签注（或相关工程学位）；
- 相关飞机工程经验；
- 认可的首席审计员资格或实现此目标的能力；

- 对EASA第M部、145 部、147 部、66 部和 21 部的有效工作知识；
- 与客户（内部和外部）建立牢固的工作关系方面的良好记录；
- 流利的英语；
- 有资格持有机场空侧通行证；
- 旅行的能力和意愿；
- 持有欧盟护照或有资格在欧盟工作和旅行的人；
- 在快节奏和高要求的环境中轻松工作。

你能找到任何使用“质量”一词来形容质量负责人员的资格要求吗？

不做评论。

2.6 产生良好的质量

质量涉及在生产过程中实现产品的准确度和精度，并且通过在特定调整下将产品的可变性保持在尽可能低的水平以保持质量。有许多工具可以解决此问题，但是统计过程控制（SPC）是监视和控制的最佳工具之一。它始于一个前提：一个好的过程将产生一个好的产品，而过程的变化将导致产品的变化。因此，监视和控制过程变化将使产品特征的变化降至最低。当我们注意到任何过程中的任何变化时，都需要进行调整以控制过程。可以对超出容差水平的特定过程参数进行调整。最重要的是，只要我们努力对过程进行持续的监视和控制，我们就能保持质量。当我们停止此操作时，就无法及时发现过程中的变化，而只能在执行产品的最终控制时发现，到那时进行改进为时已晚。在质量控制之后，要将产品置于容差范围内有时会很昂贵，而且可能无法实现。

最小可变性意味着高精度，这已经在 2.4.1 节中进行了说明，因此在此我不再赘述。

几年前，我调研了不同行业的不同质量水平，向世界上最好的 17 个制表商发送了有关其质量管理体系的调查问卷。我请他们回答有关其质量管理体系的 5 个简单问题。他们中只有 6 个给我回了邮件，其余 11 个制表商没有理会我的邮件。有 1 个是问我“在哪家公司工作”，其中 5 个给了我所有 5 个问题的答案。我从他们的答复中意识到的最重要的事情是他们还没有实施任何正式的质量管理体系。原因是他们的整体管理体系实际上就是一个质量管理体系。因此，他们不仅在生产手表，而且还在生产质量！①

该行业如何生产质量？所有制造商都会为其产品选择可以为产品提供容差规格的材料。在这里，价格是主要的决定因素：如果材料便宜且适合容差，则他们将使用它。这是价格和质量之间的折中。每个制造商仅测试全部产品的样本。这意味着不会测试每个产品的规范，而是仅测试同一系列（同一过程）的特定样品，因为假设属于同一系列（同一过程）的所有其他产品具有相同的规范。测试所有产品的所有规格非常耗时且非常昂贵。成本高昂的原因是，公司花费了更多的时间进行测试，并且为此需要向人员付费，还花费了额外的电力和其他资源等。但是请记住，即使是同一过程的所有产品也不尽相同，其中有些超出了容差范围。之后，当产品投放市场并且客户开始投诉时，就会产生问题。如果产品有问题并且遭到客户投诉，则公司将免费解决问题，或者将为客户提供新产品。

手表制造商如何生产质量？他们在每个过程的最后对所有产品的每个规格进行测试，并在产品准备上市时再次对其进行测试。此外，他们使用最好的可用材料，不会在这个方面做出妥协。因此，他们不会将不良产品投放市场，也不会有客户投诉。这就是“那些有趣的小块金属和玻璃”如此昂贵的主要原因！

如果我想买表，我可以轻松地以 50 美元的价格买到，但是，如果我想买纯正、真诚的质量，我肯定会从这些制表商那里购买手表！

① 请注意，在核工业方面也有类似情况：其整体管理体系是纯安全管理体系（SMS）。

2.7 建立良好的质量管理体系（QMS）

如前所述，只有一种产生高质量的方法，即实施和保持质量管理体系。这意味着你需要通过程序将公司中的人员和设备连接起来。产生高质量的重要方面之一是不仅存在个人（人员）差错，而且还存在系统差错。系统差错通常是由人为差错引起的。如果你查阅所有领域的事故，你会发现许多事故是由于此类差错而发生的。通常是根本没有建立起系统，或者是系统不好或过时。最著名的系统差错是导致 2010 年“深水地平线”钻油平台漏油灾难的管理差错，当时大量石油泄漏到海洋中。

个人差错是由于个人错误执行程序而造成的。有时，原因是培训不到位、疲劳、缺乏动力等。如果具有精度（在测量中或过程执行中），则可注意到系统差错，但你无法实现准确度。这意味着无论我们在执行该程序上付出了多少努力，结果（产品、服务、测量等）还是错误的。系统差错无法轻松识别。这就是为什么我们需要一直关注整个系统的原因（保持系统！）。

系统差错的一个例子是，某个（或系列）特定过程的所有产品都是错误的，即使它们是由不同的员工生产的。它表明该过程由于尺寸或测量问题而引入了一些差错。原因可能是仪器或工具不良，缺乏校准，错误的材料、程序或培训等。在航空领域，很多事故是由于飞行员训练不当造成的。在生成带有计算的Excel工作表时，应格外小心。如果计算调整不正确，那么即使数据正确，结果也将是错误的。

质量管理体系非常重要的一点是质量政策（QP）。同时，质量管理体系的这一部分最容易被忽略。质量经理通常会制定描述性政策，而没有提及关于质量的任何特殊要求和奉献精神。问题就从这里开始了。

质量政策规定了公司和员工的法律义务。它阐明了公司和员工如何处理其产品或所提供服务质量的主要指示和建议。他们将按照描述实现所需质量所进行活动的程序来处理质量。质量政策实际上是对公司内部如何处理质量问题的解释，这是生产质量管理体系时必须首先确定的。我们需要质量政策的另一个重要原因是：如果存在程序未涵盖的情况，将会发生什么？员工会停止工作吗？当然不是！他们将继续尝试从程序未涵盖的未知情况中产生积极的结果。但是，这种“持续的活动”必须符合质量政策中规定的指示和义务。因此，员工有法律义务要熟悉质量政策。如果他们不这样做，情况会升级为公司的财产或资源损失，那么他们（员工）可能会受到起诉。这就是为什么不能将质量政策仅仅视为一种形式，并且员工必须接受培训以向他们解释质量政策整体含义的原因。

一个有趣的笑话被张贴在军事技术学院航空系大楼的学生板上，也可以在互联网上找到。IBM决定从NEC（日本）订购一批电子组件。他们订购了10 000件，宣布只能接受3个有缺陷的组件。当订单交付给IBM时，附有一封声明信：

> 我们日本人付出了很多努力，但仍然不了解北美的商业惯例。但是生产了3个有缺陷的零件，分别包装并已装运。我们希望它们会令你们满意！

因此，对于某人而言，质量只是数字；对于其他人而言，它是文化的一部分。

通常，不要让自己建立形式上的质量管理体系，因为你在撒钱而没有任何实际结果。最糟糕的是，你可能会产生系统差错，从而破坏你的生产。质量管理体系应提供系统和规范的方法，以提高产品和服务的质量并记录不符合项。

实施质量管理体系意味着你需要确定与生产相关的过程，并为每个过程提供文档化的程序。质量管理体系应使其能够为质量控制和质量保证提供程序，并提供可以提高质量的所有其他方面（培训、推广等）。这些程序的责任在于质量经理。实际上，质量经理需要处理两种类型的程序：系统程序和过程程序。

当存在质量问题时，有一些方法和工具可以找到原因并解决问题。质量经理必须熟悉这些内容，并且必须选择符合公司实际情况的方法和工具。

保持质量管理体系意味着你需要始终监控体系的性能。需要建立关键绩效指标（KPI），以提供有关体系行为的信息。这些KPI（通常用作质量目标）应根据其性质而按天、周、月和年进行监控。最好的过程监控工具是统计过程控制。质量经理应决定将使用哪种与特定KPI相关的工具。KPI可以是通用的或专用于特定时间段（一个月、一年等）的。

解决质量问题的最常见方法是变更程序，这没有错。所有程序都不是一成不变的。它们需要适应公司的现实和当前状况。如果质量管理体系（人员或设备）中的某些内容发生变更，则程序必须进行相应的变更！这是有关质量管理体系的最重要的一点。

当然，必须有变更程序的操作要求，这些操作要求不一定与外在变化相关联。但是变更一个程序可能会影响其他程序，因此质量管理体系必须始终处于平衡状态，并且质量经理负责该平衡。他（她）必须“测量”变更后的程序对其余质量管理体系（其他程序）的影响。变更程序（如质量管理体系的全面生产）需要团队合作。质量经理将起草程序，团队将对此进行讨论。之后，质量经理将亲自监控性能，但是如果他（她）发现有问题，团队将再次开会讨论问题和可能的解决方案。

2.8　质量控制（QC）和质量评估（QA）的概念

如前所述，质量控制（QC）和质量评估（QA）的概念是在质量时代初期出现的。它们彻底改变了对质量的看法。它们直接来自戴明的14条主要原则，并立即被引入了行业。多年来，它们一直是关于质量的主要概念，并且仍然有效。但是请不要误解：它们仍然包含在质量管理体系中，但是你不能仅将质量管理体系建立在质量控制/质量评估的基础上。要提高质量，还必须完成许多其他事情。所有这些都是ISO 9001标准的一部分：领导作用（最高管理层）、策划（质量控制和风险管理）、支持（资源）、运行（质量评估）、绩效评价（监视）、预测（风险管理）以及改进（预防和纠正措施）。

如今，安全行业的主要管理体系仍在使用质量控制/质量评估概念。这是可以理解的，因为他们的管理体系是面向安全生产的，所以质量只能通过质量控制/质量评估来体现。这是因为安全管理体系覆盖了其他所有内容（系统中缺少的所有内容）。

下面让我们更详细地解释质量控制和质量评估。

2.8.1 质量控制

质量控制实际上与所提供产品或服务质量的测量有关。为了解决这个问题，我们需要建立质量计划作为我们质量管理体系的一部分。实际上，这个计划是在过程中建立一些点，以在这些点上测量产品特定特征。质量经理将根据所执行的过程和产品的特定特征，决定何时以及如何执行测量。这是构建质量的重要一步。

使用测量设备和工具进行测量。测量设备由仪器（传感器）和测量工具组成，方便其他仪器（探头、电缆、工作台、烤箱、显示器、计算机等）进行测量。我们前面已经提到，必须定期对测量设备和工具进行校准，这一点绝对不能忘记！

测量设备的质量与设备的准确度和稳定性以及测量的精度有关。准确度和精度已在前面进行了解释。稳定性意味着无论情况（时间、产品和操作员）如何，测量结果都必须相同（稳定）。为确保我们的测量设备符合所需质量的目的和要求，必须进行测量系统分析（MSA）。

测量系统分析大致可分为两个活动：计算重复性和再现性（R&R），并计算精度/容差（P/T）比。

重复性是在检查同一操作员是否可以多次测量（产品）相同的特征并使用相同的方法得到相同的值。有三种主要的重复性方法，但我强烈建议使用“平均和范围”方法。另外两个是：“范围”（太简单）和“方差分析”（复杂，用了科学目的）。通过对同一特征进行多次测量（不少于 10 次）并计算平均值（均值）和标准偏差的方法来完成。重复性实际上表示设备的准确度和稳定性。

再现性是使用相同的设备和方法，但使用不同的操作员来检查测量的变化，即不同的操作员多次测量相同的特征（不少于 10 个）并计算出平均值（均值）和标准偏差。再现性表示操作员的测量精度。

精度/容差（P/T）比是估算的测量误差（由 6σ表示）与所测量特征的容差之间的比率。

这里不打算详细介绍测量系统分析（MSA）[①]，但我只是强调对每种质量控制仪器进行此类分析的重要性。同样重要的是，测量系统分析的结果实际上是用*R*&*R*和P/T表示的，但不是将它们相加，如下面的公式所示。从图片和下面的公式可以看出它们是正交的。

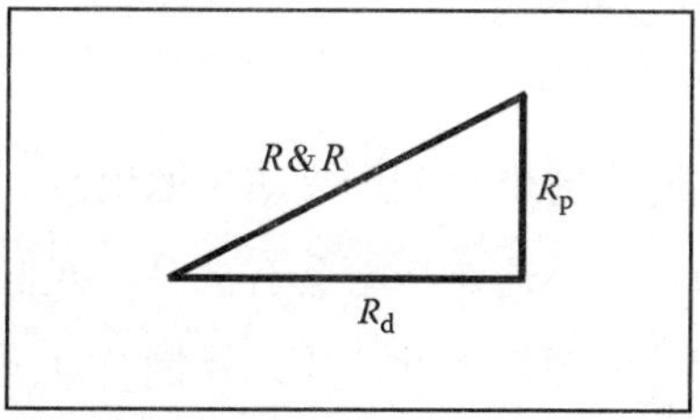

$$R\&R=\sqrt{R_p^2+R_d^2}$$

式中，R_p为重复性，R_d为再现性。

对于P/T，我们使用以下公式：

$$P/T=\frac{6\sigma}{USL-LSL}$$

式中，σ为标准偏差，LSL为规格下限，USL为规格上限，（USL−LSL）为产品特定特征所要求的规格容差。

---

① 有关MSA的更多详细信息，请参见美国汽车工业行动集团（AIAG）MSA工作组于 2010 年 6 月发布的MSA参考手册第 4 版。

总体的MSA由以下公式给出：

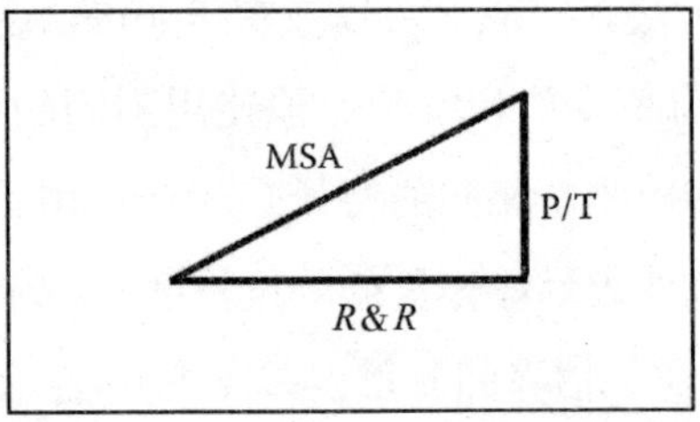

$$\mathrm{MSA}=\sqrt{(R\&R)^2+(\mathrm{P/T})^2}=\sqrt{R_{\mathrm{p}}^2+R_{\mathrm{d}}^2+(\mathrm{P/T})^2}$$

上面的公式非常重要，因为有些质量经理只是将重复性、再现性和精度容差比相加，却不了解这三个元素实际上是正交组合的。

2.8.2 质量评估

质量控制收集的数据将提供有关产品质量的信息。当然，并非所有产品都能满足特定质量特征的要求，这意味着会有次品。我们都不喜欢次品，要使它们消失，必须看到它们的来源。因此，质量控制会处理症状，而不是原因。为了找到原因，我们需要做更多的事情。这意味着我们需要进行质量评估，这实际上是“寻找原因”。

产品是过程的输出，因此我们需要评估过程中包括的所有因素。一个好的过程应该产生一个好的产品（如果使用正确的材料）。为了进行质量评估，我们将使用质量控制数据，并进行其他测量和调查，以了解问题所在和原因。过程必须在程序中形成和解释，这样经过培训的员工就能按照程序生产出优质的产品。如果员工有问题，则意味着培训可能不够全面、能动性不足或缺少某些技能。如果该过程有问题，则必须对其进行调整或变更。

控制过程的最佳方法是实施统计过程控制（SPC）。在执行特定过程期间，将使用以图表表示的统计数据来调查结果。当我们发现过程的特征处于受控状态（结果是产品满足要求）时，便会分析从测量中获得的多个数据，并计算平均值（μ，mu或micro）和标准偏差（σ，sigma）。使用平均值（μ）和标准偏差（σ），我们生成一个Excel工作表，并制订了将数据放入该工作表的计划①。如果过程处于受控状态，则特定测量的所有数据都必须落入±3σ。关于实施SPC的规则，稍后会在书中介绍②。

小型公司不需要处理统计过程控制。还有许多其他工具可用于在过程中查找问题，比如5Why，石川图（鱼骨图），帕累托（Pareto）以及故障模式、影响和危害性分析（FMECA）。

我们需要建立方法来找到公司中每个过程的过程能力，这是通过过程能力分析（PCA）完成的，其中统计过程控制是主要使用的方法。它包括以下步骤：收集每个过程的数据，根据特定特征的质量要求确定规格限制（LSL和USL），检查过程是否在统计上处于受控状态，分析数据并评估能力指标。

有一些能力指标可以衡量过程能力。最简单的是能力指数（CP），可以使用以下公式进行计算：

$$CP=\frac{USL-LSL}{6\sigma}$$

其中USL是规格上限，LSL是规格下限，σ是过程的标准偏差。

如果CP>1.33，则说明过程良好（次品率将低于64 PPM）。在过程控制的范围内，将生产出优质的产品。如果CP在1~1.33，那么过程就不太好（次品将在64~2700 PPM）。如果CP <1，则该过程很差，需要改进（次品大于2700 PPM）。

CP不是过程的最佳度量（仅适用于短期控制）。最好使用CPK，它包括过程平均值的趋势，并且适用于长期控制。它由以下公式给出：

$$CPK=(\min CPL，CPU)$$

其中：

① 当然，有许多类型的软件可以处理统计过程控制（SPC），你可以使用其中一些软件。

② 有很多有关SPC的文献，但是基础书籍是西电公司在1956年出版的《统计质量控制手册》。

$$CPL = \frac{\mu - LSL}{\sigma}$$

$$CPU = \frac{USL - \mu}{\sigma}$$

$$\mu = \frac{USL - LSL}{2}$$

从上面的公式中可以看出，如果过程位于中心，则CP＝CPK（如果平均值变化$\Delta\mu$为0）。μ没有变化意味着过程是稳定的。

规格限制（USL和LSL）实际上是制造商决定在其生产过程中采用的容差，以实现某些特征的特定质量。有时，这些容差是特定标准或法规要求的一部分。因此，过程能力指标对过程进行评估，并告诉我们，如果我们实施这些容差，过程是否能达到要求的质量。但是我们必须理解，这些指标是相对于σ计算的，σ是测量值（使用我们自己的测量设备）。我们测量过程的特征，并计算平均值（μ）和标准偏差（σ）。因此，必须实施MSA，以了解我们可以在多大程度上信任我们的测量结果。

图 2.6 显示了来自两个过程的数据，这些过程具有相同的规格限制（LSL和USL）、相同的分布和相同的平均值（μ），但标准偏差（σ）不同。显然，较

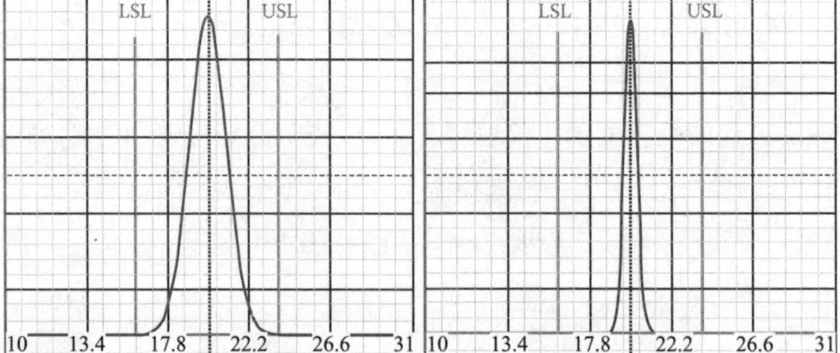

图 2.6 具有相同数据分布、相同平均值和相同规格限制（LSL和USL）但具有不同σ的两个过程

小的σ将显示出更高的过程精度，并且很显然，右边的那个比左边的那个更好（可以生产更好的产品）。我们可以更进一步，在具有较小标准偏差（σ）的过程中，可以使LSL和USL更小！

2.9 质量经理

公司（和质量管理体系）必须具有质量部门和质量经理（QM），即专门负责质量的部门和人员。质量经理必须仅对总经理或首席执行官负责。这将为他（她）的工作带来独立性，并使他（她）不受其他雇员的影响。根据公司的规模，他（她）将需要一支精通高质量工具和方法的员工团队。

当你寻找质量经理时，请寻找质量管理体系专家。最好的质量管理体系不能与不令人满意的质量经理一起工作。然而，他（她）的第一项工作将是实施质量管理体系（如果尚未实施），他（她）需要了解质量工具和方法的背景。系统程序将由质量经理编写（或修订），由质量经理决定应该和将要实施哪种策略以及将使用哪种方法和工具。为了做出选择，他（她）将需要熟悉公司及其过程。如果已经实施了质量管理体系，则他（她）必须进行“差异分析”，以检查质量管理体系与实际情况和ISO 9001 要求的符合性。即使未实施质量管理体系，也必须进行差异分析。让六西格玛黑带人担任质量经理是一个很好的选择！

提醒自己戴明的原则 14：“让公司员工参与进来，以帮助他们完成转变。公司内部的变革是每个人的工作。”因此，质量管理部门应向所有员工保证，提高质量是每个人的努力，而不仅限于他（她）的部门。良好的质量经理将使公司的所有员工参与进来，以提高质量。他（她）不需要了解有关飞机、飞行员和航空的详细信息，也不需要知道核工业中核反应堆的工作方式。好比质量经理不是鸡，不会下蛋，但是必须知道哪个蛋好，哪个蛋不好！质量管理将为既定的质量管理体系生成具有质量保证的员工，并由这些员工来负责体系的诞生、实施、维持和控制等关键环节。

一名优秀的质量经理每天都有工作要做，并且需要一个好的团队来处理所有质量问题。优秀的质量经理知道保持质量需要团队合作，而且有质量部门。他将针对特定质量问题建立一个由公司其他员工组成的临时团队。因此，他将从团队成员那里学到很多有关公司和内部过程的知识。在小型公司（不超过50名员工）中，可以聘用一名人员作为质量经理，但是对于拥有超过5架飞机的航空公司，则需要至少有5名员工的质量部门。

人（一般而言）不愿变化，通常是因为他们看不到变化可能带来的好处。相反，他们更喜欢遵循已经建立的标准例程。因此，质量经理必须擅长变更管理。他（她）必须了解人性，必须选择如何接近员工，并向其解释变更带来的预期收益。他（她）将与员工打交道，而不是与设备打交道，因此根本不需要工程专业知识！如果我需要在注册工程师和心理学家之间进行质量经理的选择，我会选择后者。即使你拥有注册工程师，他（她）的主要工作还是要与人共事。质量靠的是人，而不是靠设备！

良好的质量管理体系将给公司带来巨大的变化。如果变化大部分是形式上的（"化妆"），则应寻找其他人。质量经理必须有能力让所有员工相信这些变化是为了所有人的利益。如果他（她）坚持质量事实并且对质量管理体系有说服力，则可以做到这一点。质量经理在变更管理方面的丰富知识比行业（航空、化学、核能等）经验更有价值。

2.10 质量手册

质量手册是一个文档，向公众和员工展示了公司如何处理质量。它由质量经理编写，并由最高管理者（总经理或首席执行官）批准并签署。它可以是一个很小的文档（不超过20页）或一个很大的文档（多达400页）。小的质量手册仅涉及系统和过程程序，大的质量手册包含所有程序。一本大手册包含有关公司质量活动的所有信息。

质量手册包括质量政策、质量目标以及解释公司如何接近（并实现）其产品或服务质量的所有其他必要条件。可能有一些文件被公司视为“公司机密”，并且这些文件不向公众公开。此类文件可以是与特定技术或特定方法相关的过程（操作）程序，以实现所需的质量。该公司不想公布它们，并且会保守秘密。但是质量手册是公共文档，可以用于商业目的。

我更喜欢一个小文件，可以对公司内部的质量活动有个大致了解。它使事情变得简单。详细信息隐藏在程序中，在质量手册中，你只需要提及与质量管理有关的程序的名称（或代码）即可。再次重申：有一些解释特定过程执行方式的过程（操作）程序，公司不想将其公开。在这种情况下，一本小的质量手册将仅包含程序的名称或代码，而不会阐明过程的实施方式。

选择小的质量手册的另一个原因是，在审定（和其他审计）期间，这是第一份被评估的文件。拥有大的质量手册，给人的印象是该系统功能强大且复杂，需要审计员更多的关注。此外，出于商业目的，该公司将此文件作为其致力于质量的证明，但潜在客户或投资者不愿意阅读400页的文件。

我强烈建议作为质量管理体系手册的一部分，列出要求以及你如何满足这些要求的列表。该列表应该是一个包含三列的表。第一列将是ISO 9001的要求编号，第二列应是具体的要求，第三列应说明你的质量管理体系如何满足此特定要求。这对你和负责审定的审计员都非常有用。对你来说，这非常重要，因为它显示了如何满足要求，并且还可以帮助你确保已满足所有要求。通过列出要求和如何满足要求的说明，你实际上是在进行自我审计。对于审计员而言，这很重要，因为它将向他（她）展示其想检查的内容。此外，这将加快审定（或外部）审计的总体过程，并使审计员建立信心，向审计员表明你知道自己在做什么。

质量手册是公司的缩影，质量经理必须制作具有艺术品特征的手册。它必须用更少的词来表达更多的解释。好的质量手册将缩短审定过程并提高公司的诚信度。好的质量手册实际上是质量经理的写照：知道什么是质量以及如何实现质量的人将编写出好的质量手册！无法复制/粘贴质量手册。即使在同一行业和生产相同产品（或提供相同服务）的公司中，总体情况也有所不同，因此，复制质量手册是最糟糕的错误。你可以将其他质量手册作为基础，但是你需要自己编写。

最重要的是：为自己、公司和员工编制质量手册。这是你将使用的文件。外界只是通过质量手册对你的质量管理体系有一个印象。

试着先让自己满意，然后再让其他人满意。

我有机会在一家小型公司工作，该公司采用了一家拥有完全不同技术的大公司的整个系统文件。有趣的是他们的程序涵盖了所有活动，但是这些程序所适用的设备已被新设备取代。经过几个月的工作并消除了所有过时的程序，我构建了质量管理体系，该质量管理体系在硬盘上使用 20 GB的空间，而不是之前的 80 GB。

监管机构或外部审计员均未提出异议。

3 安全 - Ⅰ

3.1 引言

安全[①]的发展与质量的发展大不相同。安全基于风险管理，实施始于核工业。但是过去和现在它在资金领域：保险业和银行业仍然全面运用。保险公司开始计算不同保险案件的风险，这种做法很快就被银行接受，当银行向公司和个人提供信贷和贷款时，银行开始计算风险。

在航空领域，安全管理体系（SMS）从不同的方法开始，并由发生在20世纪70年代末的两次飞机相撞引发。第一次发生在克罗地亚萨格勒布上空，当时两架飞机在空中相撞；第二次发生在加那利群岛的特内里费岛，两架飞机在跑道上相撞。实际上，20世纪70年代是航空业最糟糕的十年，国际民航组织（ICAO）不得不发出警告。

经过几年的工作，国际民航组织发布了题为《事故预防手册》（ICAO DOC 9422）的文件。尽管该文件主要针对飞行员，但实际上为航空安全建立了一种新方法。这种方法不是被动的（基于发生某种事情时的反应），而是主动的（在某种事情发生之前应对情况），并且在20世纪90年代末被纳入法律文件。后来，通过颁布ICAO 9859号文件《安全管理手册》继续推进这些活动，该手册解释了好的安全管理体系应当包含的所有内容，我强烈向所有人推荐该手册。2013年年底，国际民航组织引入了附件19《安全管理》。如今，在许多

① 出于本书的目的，基于故障的安全（“错误的事”）称为安全性-Ⅰ，我们谈到的另一种安全，基于成功（“正确的事”），称为安全性-Ⅱ。如果“安全”之后没有数字（Ⅰ或Ⅱ），则表示讨论基本安全。

（全球性的和本地的）文件中，组织和国家监管机构都对安全管理体系提出了要求。所有这些文件的重点是它们都将安全视为“错误的事”。

与质量管理体系（QMS）的开发类似，采用了系统的安全处理方法。这意味着组织需要实施由人员、设备和程序组成的安全管理体系。同样，这里的程序将人与设备连接起来。真正重要的是使用风险管理来计算和管理事故和征候的风险。

3.2 安全的定义

与质量的定义相似，不同的行业、公司和部门也存在各种安全定义。所有这些都取决于用于定义或调查安全的情境。情境非常重要，因为如果我们更改情境，那么也会改变对安全的总体理解。在这本书中，航空安全出现频率较高，但是我必须强调，不同的航空组织在定义安全时使用不同的措辞。但是，几乎所有这些组织都将安全定义为没有或低风险。

欧洲航空安全组织（EUROCONTROL）对安全[①]的定义是“免于不可接受的风险或伤害”。美国联邦航空局（FAA）根据安全相关的文件对安全有多个定义。例如[②]，一个定义是“人身伤害或财产损失风险可接受的状态”，而另一个定义[③]则指出安全是“免于那些可能导致死亡、受伤、职业病或设备损坏或财产损失或环境破坏的条件”。国际民航组织也有多个安全定义。安全[④]的定义是“一种状态，即通过持续的危险识别和安全风险管理过程，将人员伤害或财产损失的可能性，降低到并维持在一个可接受的程度或以下”。另一个将安全[⑤]定义为“将与航空器运行相关或直接支持航空器运行的航空活动的相关风

① ESARR 3:《空中交通管理服务提供商对SMS的使用》第 1.0 版；欧洲航空安全组织，2000 年。

② FAA指令 8040.4A；2004 年 4 月 12 日附录A：定义。

③ 美国联邦航空局《系统安全手册》；2000 年 12 月 30 日附录A：词汇表。

④ ICAO 9859 号文件《安全管理手册》第 3 版，2013 年，第 2 章。

⑤ 国际民航组织附件 19：安全管理，第一版；2013 年 7 月，第 1 章：定义。

险减少并控制在一个可接受水平的状态”。

在线英语词典提供了大量定义，可以概括为缺少危害、伤害或危险的状态。我们注意到，在所有这些定义中，质量和安全之间存在一种需要加以利用的自然联系。

3.3 安全-Ⅰ的管理

如今，作为法规要求部分的安全是安全-Ⅰ。目前，我们已经建立了基于被动方法的安全法规。这种安全的进一步发展将使其具有主动性，并最终具有预测性。同样，安全并不排除事故和征候。它们极少发生，并将尽可能减轻其后果。

安全管理基于风险管理，并且需要进行危险识别以计算风险并尝试消除或减缓风险。此外，SMS要求收集和存储有关事件、危险和风险的数据，保持它们的更新并对其进行持续监控。与收集数据有关的另一个要求是在员工之间实施一种称为“公正文化”的安全文化。公正文化意味着对报告有质量或安全后果的事件将不会实行惩罚政策，而是鼓励和奖励报告。

在这里，我提供一个很久以前读到的有趣例子。

在第二次世界大战期间，英国承受着改善和增加军事力量的巨大压力。所有工厂都以24/7全天候工作，以生产更多的武器、弹药和军事装备，但战争条件下的制造压力也增加了次品的数量。曾经有一家军事工厂生产降落伞，但总体测试表明，有5%的次品率（只有95%的降落伞可以安全使用）。机械化的缺乏促使工厂由员工人工生产降落伞。为了寻求改善，英国政府任命了工厂的新经理，经过初步调查，他决定每个员工都必须使用自己生产的降落伞从空中的飞机上跳下来。

您可以想象，在做出此决定之后，次品率降到了零。这是提高安全的非常智慧的解决方案，它实际上表示在降低风险中，我们需要充分了解风险的根本原因。请记住，工厂的全部生产是人工的，次品不能归咎于任何机器。因此，次品数量方面唯一的问题是员工。员工并不缺乏知识或技能，但是战争的压力导致员工的压力水平增加，并且他们在制造过程中缺乏注意力，导致次品。风险（每100个降落伞中有5个导致士兵死亡）和后果（“我制造的降落伞如果有问题，我会死”）联系在一起，激发了员工付出极大努力来生产好的降落伞。

这个例子说明了对安全管理人员非常重要的内容：安全文化。如果安全管理人员营造一种氛围，让安全不是一种义务而是一种生活方式，那就好了。但是，这并非总是可以实现的。前面的例子显示了一种非常聪明的方式来“强迫”这种文化。如果询问代价是什么，我们可以回答说，员工生产优质降落伞的压力越来越大。这种压力降低了次品率，但是如果发生事故而有人死亡，将会发生什么。员工的压力会更大，并且会为错误创造更多的可能性。因此，尽管解决方案是合理的，但从长远来看，它将带来更多问题。安全管理人员和高层管理人员应努力营造这种安全文化。这种氛围的存在非常重要，尤其是在传播安全有关事件的信息时。人们的性格有时会阻止他们报告所发生的事情。“不良行为”可能受到处罚和导致失业，因此他们通常试图掩盖此类事件。但是，报告事件会给安全管理人员提供调查和分析事件的机会并制定预防或纠正措施。在这种情况下，“信息就是金钱”的格言可以被翻译成“信息就是生命”。

前面的例子实际上证明了一些非常重要的内容：人是安全管理中的“薄弱环节”！在分析航空事故时，我们注意到80%是人的差错造成的。实际上，这就是我们在安全方面谈论安全管理的主要原因（不仅在航空领域）：我们需要对人进行管理。

人面临的最大问题是他们容易犯错。这是很久以前就认识到的，从而开发了一种特殊的方法来消除简单的人为差错：防错（error proofing）[①]。这与不允许人为差错的产品设计有关。这方面的简单例子有，为不同的电缆设计不同的插头：它们是非对称设计的，因此我们不会进行错误的连接，因为如果将插头上下颠倒，插座将无法接通。

① 也称为防错（Poka-Yoke）。

但是，当我们处理更复杂的系统时，是否可以继续使用这种方法？

我对此表示怀疑，因为在更复杂的系统中，人的复杂性更多地参与了犯错。人的可靠性和完整性通常低于设备的可靠性和完整性，因为人的错误通常是无意或有意的。

无意错误是指由于培训不好或情绪不好而导致的错误。不好的培训通常不会强调如果没有按照正确的程序进行，可能产生的有害后果，这也增加了员工的过度自信，降低了他们对工作任务的关注度。当我们谈论高层管理者时，这一点尤其重要。一名差的管理者在一个月内可以毁掉的东西，即使是一名科学家也不能在几年内解决。通常，差的管理者可以“扼杀”好的体系。

情绪不好是由之前的事件造成的，这些事件在员工到达工作场所之前就已经影响了他们。疾病、疲劳、家庭不和甚至上级的辱骂（攻击）都可能导致他们完成工作所必需的注意力大大下降。这是心理学的一部分。

无意人为错误的问题在过去主要使用工程方法对它们进行了调查，这使我们对正在发生的事情产生错误的认识。“人的因素”新学科已建立，它开始以更多心理学的方式对待人，尤其是在他们的关键活动和复杂系统中。

有意错误也是人类心理的一部分。人们在疾病、疲劳、家庭不和甚至上级辱骂（攻击）的压力过大以至将其行为转变为对现实的侵略性反应时，通常出现有意错误。这表明他们既不愿接受现实，也没有足够的力量去改变现实。可能是冲动的（很少发生），或者如果长时间存在这种压力，则可能成为正常行为。智力或洞察力的缺乏、软弱的性格、遗传和环境恶劣是这种行为变化的最常见原因。

无意错误由安全科学处理，可以通过适当的管理加以纠正。有意错误被称为故意违规①，由安保科学对其进行处理，通常是刑事调查和强制执法的一部分。

---

① 故意做违反规定的事。

3.4 风险的定义及澄清

如果我们在互联网上寻找风险的定义，我们可以找到很多，几乎所有的定义都是语言上的而不是科学上的。

有一个关于风险管理的ISO标准[①]，在此标准中，风险被定义为“不确定性对目标的影响”。此定义由 4 个注来解释，其中一个是：“风险通常以事件（包括环境的变化）后果和相关的发生可能性的组合表示。”这是一个非常令人失望的定义，请记住，这个标准主要关于风险管理。它是由行业制定的，并且不同行业对风险和安全的理解不同。有趣的是，在这个标准中找不到“危险”一词。尽管该标准涉及处理风险管理所需的所有内容，但是对风险的总体说明仍然很混乱。

为了解释风险，我们应该了解危险。我们可以注意到，互联网上的大多数词典没有区分危险和风险。ISO 31000 甚至没有提到危险。

核工业做出了这种区分。在英国，核工业监管机构将危险[②]定义为“任何可能造成危害的来源”，并将风险定义为“产生危险的可能性和危险后果的组合”。美国核监管委员会仅定义风险，但在其文件中使用与风险相关的术语“危险”。在许多其他有关核安全的文件中，你会注意到危险和风险的定义有所不同。

从科学上讲，危险与风险之间存在明显的区别。危险是可能造成危害、受伤或损坏的情况。关于危险的重要因素是我们多久陷入这种情况，以及随后产生的后果。因此，通过查找发生情况的频次[③]和后果的严重性，我们可以找到风险。这种解释构成了我对风险的定义：“关于频次和严重性的量化危险称为

---

① ISO 31000：2009 风险管理—原则和指南。ISO出版物，2009 年。

② 《英国核监管指南》；核监管办公室，2014 年 10 月。

③ 为了计算危险以发现风险，我们使用概率。但是要准确地计算概率，我们需要大量的数据，而这些数据并非总是可以实现的。因此，我们使用术语“频次”代替“概率”。有了足够的数据，频次就会变成概率。

风险。[①]"

如果我们使用概率而非频次（你会发现在本书中有时被称为“可能性”），这在科学上是正确的。不幸的是，要使用概率定律，我们需要拥有大量的数据，而目前这是缺乏的。我们确实有灾难性事件（事故）的数据，因为在引入安全管理体系之前（2000 年前），国际民航组织仅要求航空人员提供事故数据。因此，对于具有灾难性后果的事件，要求事故发生的次数应少于每飞行小时 1.55×10^{-8}。目前，只能计算出与事故严重性有关的概率，而对于其他所有方面，我们都缺少必要的数据。因此，要将安全从追溯性转变为主动性，我们需要更多数据来帮助我们计算风险。因此，在安全管理体系中，非常重要的一点是要有一个收集、分析和交换安全事件数据的程序。收集应基于完全不同的资源（在特定部门、地区、机场、飞行区域以及全球范围内发生的事件）。所有这些都应该进行分析，并且应该使用数据来计算概率（可能性）。

但有一个问题。

无论使用哪种方法，计算风险都没有问题。一个大问题是预测风险将如何实现的情景，即产生具有严重后果的事件。相同的征候或事故的发生情景可能不同，如果我们能够预测它们，则可以消除或减缓它们。每天都会发生无数车祸，所有这些事故都伴随着特定的根原因导致的不同情境，它们的情况各不相同。即使造成车祸的根原因相同，但发生车祸后的事件也可能不遵循相同的模式。

因此，除了风险管理，还有几种方法（在金融和银行业非常流行）来处理有关“坏事”如何发生的情景分析。它们几乎都涉及操作风险，但没有一个被航空业考虑（至少我对此不熟悉）。

---

① 美国核监管委员会对“风险”使用了类似的定义，但未提及“危险”。

3.5 人、设备和组织风险

安全系统的发展，特别是在航空领域，已经有了非常有趣的演变。

它始于对制造设备和飞机的技术的改进（图 3.1），称为“技术时代”，从 20 世纪 20 年代持续到 50 年代。这个时代的特征是，使用技术作为改善设备、飞机和个人风险管理的主要手段，并辅以员工的强化培训。该方法本质上是真正的被动式：发生坏事，并从中学习后，我们将这些知识应用到系统中。根本没有考虑预防。

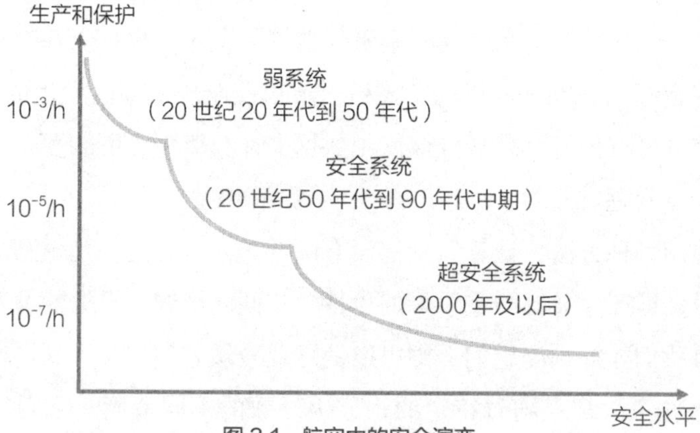

图 3.1 航空中的安全演变

当技术被“使用”并且被动收集的数据表明人是问题所在时，“人因时代”出现，强调征候和事故发生时人的行动和反应。“人因时代”从 20 世纪 50 年代持续到 90 年代中期。实际上，这个时代源于前一个时代的不足。许多公司开始通过实施质量管理体系（这是一种系统的质量控制方法）来提高产品质量。此时，ISO 9001 已升级为AS 9100（在美国）。不幸的是，这仅涵盖其中一个部分。许多新的（经过技术改进的）设备被部署，其目的是减轻人的负担（减轻疲劳，简化复杂操作中涉及的任务等）。相反，这些技术进步对操作员提出了更多要求。显然，技术与人对新技术的适应之间存在差距。这是一种社会不利条件。几乎没有例外，技术没有达到减少人操作设备的目的。

“人因时代”始于对所用技术的不断改进和对事故原因的更好调查。那是一个考虑人–机界面（HMI）的时代。在这个时代，建立了主动的方法。这种方法发现，在人的方面还需要做更多的工作，因为经过改进的系统调查表明，人相较于设备成为更大的问题。当人对征候（或事故）的影响很大时，就存在系统差错。

进一步的调查（和发展）表明，由于组织不良，公司存在系统性缺陷，可以通过系统化的活动管理方法来改善这些缺陷。这是一种基于系统风险管理的安全新业务方法。此外，强调了定期收集安全信息（类似于收集业务信息）的必要性。它继续认为应该通过安全管理体系的实施来规范新的系统方法。此外，质量管理体系已从制造产品扩展到服务，其重点变成了公司内部和外部活动组织的失效。公司实施这些管理系统，并关注组织失效。

新的“组织（管理）时代”始于 21 世纪。制定了安全管理体系的总体要求，并在全球范围内提供了大量培训。建立该系统的目的是“主动式”，后来又转变为“预测式”。

在管理系统的实施中可能发生的主要问题是没有建立良好的质量管理体系和/或安全管理体系。这种糟糕的系统会导致缺乏控制、缺乏高层管理人员足够的敬业精神和监督、无效的质量经理（QM）或安全经理（SM），以及缺乏适当的规则和成文的程序。这已在世界范围内发生。之所以发生这种情况，是因为许多公司不了解安全管理体系的主要目标：它不仅仅是时尚，还是永无止境的持续活动！虽已经完成了大量的工作，但仍然存在对安全管理体系的“曲解”。

今天，这个特定时代的所有特征元素都存在，它们危及安全。设备故障的风险已很低。在过去的几十年中，技术已取得了很大进步，因此设备的完整性和可靠性处于极高的水平。这并不意味着设备不会发生故障，而是表明与人和组织故障相比，设备很少发生故障。人失效的风险非常大，有专门的学科处理人的因素，也适用于安全和质量。说到设备故障和人为差错之间的联系，我们可能会指出，如果设备发生故障，则有一个处理程序。当然，该程序是由人执行的，这会产生问题。设备的高可靠性和完整性使人们对设备充满信心（他们对设备过于信任），因此，当设备出现问题时，由于记忆不良，人们已经忘记了程序或在执行中犯了错误。坏事情发生了。

活动的组织差错（组织失效）也非常危险。从本质上讲，它们是系统差错，如果不能及时识别和处理，则会重复出现。它们还会通过使人犯更多错误来影响人的行为。通常，公司中缺少安全管理体系或只是形式上实施了安全管理体系。许多公司（尤其是其经理）对安全管理体系实施的理解不正确，这为员工的错误创造了条件。有关更多信息，请参阅第 3.8 节。

组织失效的一个很好的例子是 1989 年 9 月在巴西发生的巴西航空（VARIG）254 航班的空难。巴西航空公司更改了飞机的飞行管理系统方位角设置的程序，但没有为飞行员提供有关此更改的特殊培训。几周后，254 航班的机长（公司引入此更改时正在度假）设置了错误的方位角，由于缺少燃油，飞机坠毁在距目的地 700 海里的马托格罗索州的丛林中。更进一步说，组织失效实际上造成了人为差错。换句话说："不良的组织（管理）体系会损害好人。"如果安全管理体系不全面（仅部分实施），则会在员工之间造成混乱，并最终导致人为差错。至少，不良的组织（管理）会给员工带来额外的压力，使他们容易出错。全世界很少有公司意识到这一点。谷歌（Google）的经理很久以前就注意到，正是员工的创造力为公司带来了收入。员工只有在心情放松的情况下才会有工作效率和创造力，公司应为员工提供科学的工作时间和良好的工作环境。良好的组织结构及管理对每个公司都很重要，而不仅仅是在安全方面。

在许多情况下，调查将事故原因归为"人的差错"，但实际上是"组织差错"。最好的例子是 1997 年 12 月土耳其航空公司波音 757 在阿姆斯特丹史基浦机场降落时发生的事故（无人员伤亡）。飞行员正在使用自动驾驶仪［飞行管理系统（FMS）］进行着陆。着陆期间，风势强劲，西南侧阵风特别大。这导致飞行员放弃利用自动驾驶仪着陆而进行人工着陆。不幸的是，他的决定为时已晚：飞机离跑道高 100 英尺[①]，没有时间纠正飞行航径。强侧风将飞机推

① 1 英尺 = 0.3048 m。

离跑道。所有乘客都安全撤离，但飞机受到的损坏却很大。该调查将故障归因于飞行员，但是后来当另一项（与最终报告无关）的科学调查完成时，结果表明，实际上，航空公司在其程序中建议在跑道上方500英尺以上使用自动驾驶仪。飞行数据显示，一些飞行员甚至将距跑道上方100英尺作为限制，在着陆过程中100英尺以下才开始对飞机进行人工控制。在高于地面的这个高度以及恶劣的天气下，如果发生任何事情，完全没有时间控制飞机。因此，这被归为“组织差错”，对以后的总体建议是在天气条件恶劣时使用人工着陆。

我不知道今天有多少航空公司在其程序中实施了该建议。飞行员对自动驾驶仪的依赖揭示了飞行员对自动驾驶仪功能的多种误解。航空公司也没有意识到这种情况。如果制定了有关何时以及如何使用自动驾驶仪的严格程序，可能不会完全防止事故发生，但总的来说会使事故更少发生。

通常，“人为失误”与“组织失效”密切相关，有时区分它们存在问题。但是，有关“人为失误”的进一步调查引发了对“组织失效”的系统解决方案的需求，并嵌入“组织时代”发生的安全管理体系实施规则中。

组织风险中的另一个问题是：公司在开展业务，安全需要钱（至少雇用安全人员需要钱）。另外，消除或减缓每个安全问题都需要一些资源。通常会做出妥协，但最终损失的是安全。最有趣的是，通常预防征候或事故的成本是众所周知的，但是这种预防措施给公司带来的收益成本（通常）是未知的。随着航空业刚刚开始实施安全管理，2003年美国白宫成立了飞行安全委员会。对于航空业［航空公司和维护、修理和翻修（MRO）单位等］，这是一个额外的经济负担。他们需要再雇用至少一个人：安全经理。因此，白宫决定调查在航空业实施安全管理体系的可能收益。以下是该报告的一些结论。

减少73%的安全风险将为航空公司每年节省6.2亿美元。每一起征候（与飞行次数相比）使公司每次飞行的成本为76美元。实施46项建议的安全改进措施后，每次飞行的成本降低至56美元。

但是，在过去十年中，美国航空航天局（NASA）并没有意识到这一点。美国航空航天局承受着不断削减成本、人员和开发时间的压力，同时要保持良好的效果。有趣的是，这个科学性很强的机构是如何接受这些衡量成功的经济指标的。来自管理层的要求“更快、更好、更便宜”的压力增加了系统的压力，尤其是在员工中，这导致 1998 年的“火星气候轨道器”和 2003 年的“哥伦比亚号”航天飞机发生灾难。这是一个很好的例子。首先，削减成本然后要求更多结果常常被证明是一个糟糕的策略。其次，美国航空航天局没有从“火星气候轨道器”的损失中汲取教训。这项调查只是推测了轨道飞行器丢失的原因，但由于没有真正对调查发现的问题采取措施，5 年后的哥伦比亚灾难再次击中了问题仍然存在的机构（NASA）。最后，决策过程不是基于事实和分析，而是基于成功的压力。显然，管理层无法识别该机构的实际情况。

组织风险也可能由监管机构触发。我有机会认识许多在监管机构工作的人。他们所有人都宣称自己是安全专家，但显然我们对安全一词有不同的理解。最有趣的是，有时监管机构发布的法规和指令对安全的影响会被低估。一个很好的例子是 1972 年美国航空公司 96 航班的一次事故，当时麦道DC-10-10 飞机的后货舱门由于锁定不当而折断。由于事故是在飞行过程中发生的，飞行员努力控制飞机，并成功地将其安全着陆而没有造成人员伤亡。尽管调查表明锁扣的设计存在问题，美国联邦航空局仅向麦道公司提出了一些建议来解决该问题。麦道公司没有重新设计锁扣，而只是做了一些“美容”的改进，在门上附加了关于如何锁上门的书面警告。不幸的是，1974 年 3 月，土耳其航空公司从巴黎飞往伦敦希思罗机场的 981 班飞机（机型相同）遇到了同样的问题，但飞行员的情况没有之前的那么成功。飞机在巴黎附近坠毁，机上所有乘客和机组人员丧生。之后，美国联邦航空局发布了一项指令，要求重新设计麦道DC-10-10 飞机的后货舱门。

就像我之前说过的：“不良的系统会损害好人！”

3.6 领结分析（Bow-Tie）方法

有许多方法论和方法可以将危险量化为风险。其中有些是定量的，有些是定性的。所有这些方法的共同特点是，每种方法论或方法都需要有关危险的初步信息和知识以及有关事件发生频次的数据（信息）。尽管有很多方法，但是应该自己决定使用哪种方法，而我建议最好的方法是领结分析方法（Bow Tie）①。它由两种具体方法组成：故障树分析和事件树分析。它们之间的连接点是事件（图 3.2）。值得一提的是，领结分析方法可用于质量和安全分析。

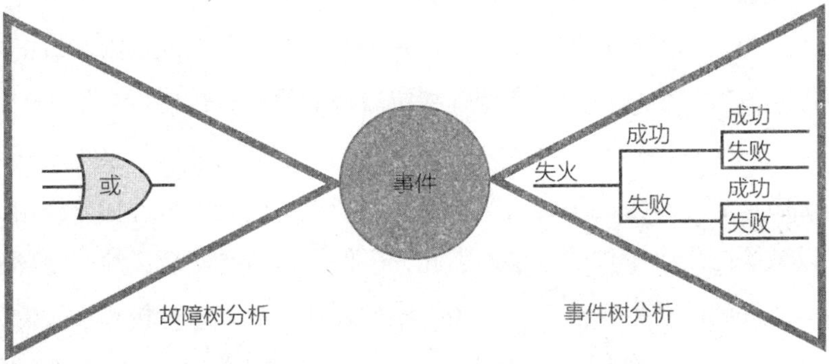

图 3.2 领结分析方法

故障树分析（FTA）②是一种古老的演绎方法（从一般到特定，自上而下），所有演绎方法实际上就是所有的事故调查。这类似于在有关杀人凶案的侦探小说和电影中寻找“凶手”：发生了谋杀案（一般事件），必须将许多嫌疑人（特定事件—多个故障）联系在一起才能找到特殊的特定事件（凶手—故障）。它不仅指出了凶手（故障），而且还确切地解释了谋杀的发生方式（建立事件发生方式的模型）。这是多分支树的模型，是需要对系统有充分了解的定性模型。它也几乎总是被用作定量模型，使用故障的频次（概率）来计算事件的概率。此外，它需要丰富的布尔代数知识，因此在安全管理人员中并不十分流行。故障树分析负责评估原因，并且在方法上是被动的。它包含需要量化以发

① 该名称源于以下事实：以图形方式显示数据时，图形看起来就像燕尾服的领结（图 3.2）。

② 故障树分析（FTA）由H. A. Watson于 1962 年在贝尔实验室开发，目的是评估民兵（Minuteman）I 型发射控制系统。

现特定事件发生概率的所有危险的结构。它不考虑后果，但解释了事物之间的联系。故障树分析在很大程度上取决于进行该分析的操作员的技能。操作员选择会导致事件发生的基本事件（危险）。有时，这些选择不可靠，甚至还缺少一些危险，尤其是在对所调查的“事件链”或系统的了解不够时。

事件树分析（ETA）是“领结的另一侧”，具有二叉决策树的形式。结果只有两个：失败或成功。这是一种归纳方法，因为它从特定事件（事件）到一般事件（后果）。事件树分析具有一个主要优势，因为它可以用作纠正措施评估：事件发生后，事件树分析会调查特定后果的发展，这些后果使我们了解如何减缓这些后果。这是预测性的，但并不全面：事件的某些后果（尤其是在复杂的系统中）总是有可能不为人所知，这就产生了问题。事件树分析用于制定措施，以减缓已发生事件的后果。因此，事件树分析是减缓风险的一部分。

这里要提到的重要一点是，在领结模型之外，故障树分析和事件树分析可以独立使用。故障树分析可以用于查找事件的频次（概率），而事件树分析可以用于分析将在特定事件（事件——征候或事故）之后发生的事件的顺序。因此，故障树分析和事件树分析首先将有助于预测事件的发生和控制同一事件的后果。请记住，在事件发生之前和之后都有可能发展不同的情景，事件树分析（尤其是）可能会产生许多不同的输出。

故障树分析和事件树分析有局限性。它们的效果取决于用于计算它们的数据。如果数据有问题，则可能会出错。尽管如此，领结方法是处理风险评估和减缓风险的最佳方法。故障树分析和事件树分析是定性和定量方法，可以更好地了解情况。它们实际上促使操作员对系统有特别好的了解，这是质量经理或安全经理的工作。同样重要的是，作为质量保证工具，它们也完全适用于质量管理体系。

让我们举一个简单的领结方法的例子（图 3.3）。

在图 3.3 中，可以看到“事件”（生病）的领结模型。请暂时忽略紫色的形状。由于空间有限，我需要更改形状，使得其看起来不再像领结，但不影响我介绍领结方法的工作原理。

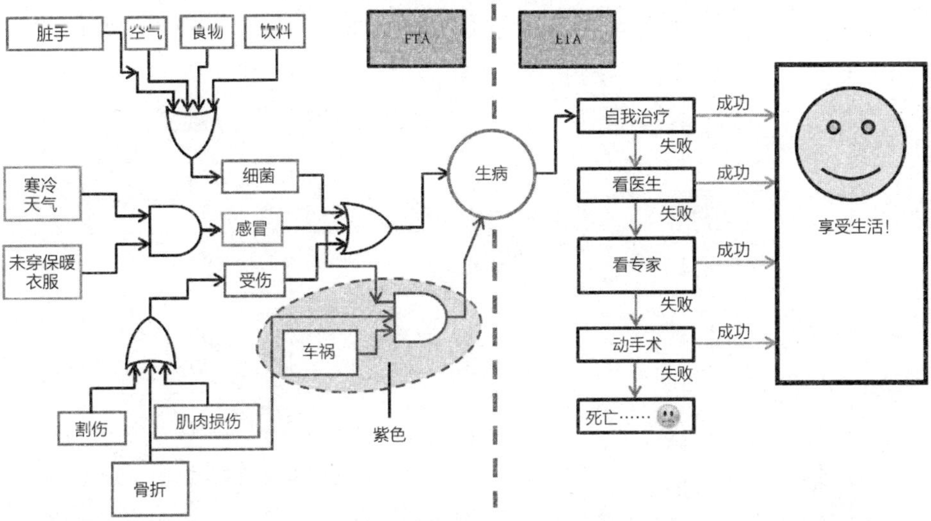

图 3.3 事件（生病）领结图

有三种方法引起生病：细菌、感冒或受伤。这三种原因中的任何一种都会使你“生病”，因此它们在“或”门作为输入连接。如果存在任何这些输入，则将导致“事件”，因为这是“或”门的逻辑（图 3.4）。

细菌可以通过四种方式进入人体：脏手、空气、食物或饮料。它们再次作为“或”门的输入出现，因为其中存在任何一个都会将细菌引入我们的体内。

感冒是寒冷天气和未穿保暖衣服引起的“事件”的第二个原因。这些原因必须共同作用[①]，因此它们在“与”门作为输入提供。只有同时存在两个输入，它们才可能引起感冒。

受伤可能有三种原因：肌肉损伤（由对软组织的强烈打击引起）、骨折或身体任何形式的割伤（被锋利的物体）。

如此处所示，故障树分析图是定性的。但是，如果我知道图左侧每个事件的所有特定概率（脏手、空气、食物、饮料、寒冷天气、未穿保暖衣服、割伤、骨折和肌肉损伤），我可以计算出任何人生病的概率。适用于图 3.3 的公式为：

① 如果外面很冷但有保暖的衣服保护我，外面的寒冷天气就不会造成任何影响。

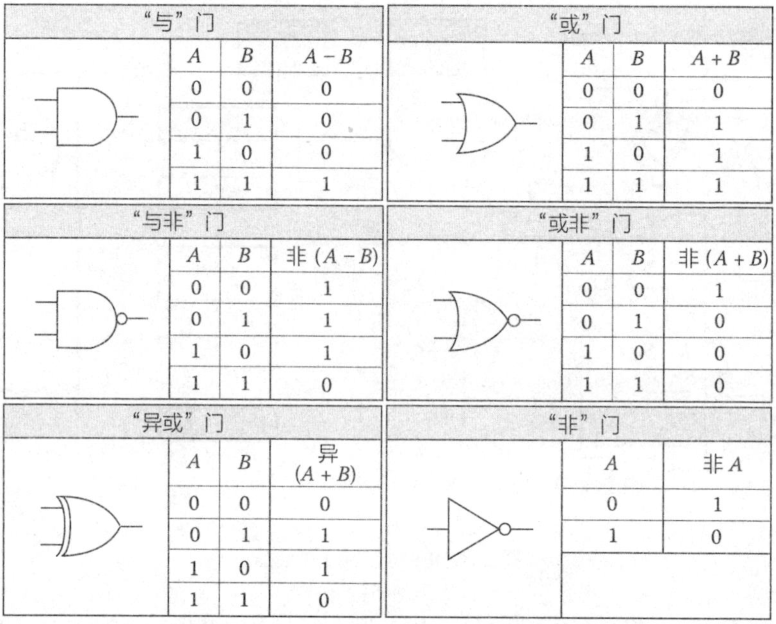

"与"门

A	B	A − B
0	0	0
0	1	0
1	0	0
1	1	1

"或"门

A	B	A + B
0	0	0
0	1	1
1	0	1
1	1	1

"与非"门

A	B	非（A − B）
0	0	1
0	1	1
1	0	1
1	1	0

"或非"门

A	B	非（A + B）
0	0	1
0	1	0
1	0	0
1	1	0

"异或"门

A	B	异（A + B）
0	0	0
0	1	1
1	0	1
1	1	0

"非"门

A	非 A
0	1
1	0

图 3.4 故障树分析中用于描述两个或多个原因（事件）之间的相互关系的符号（电子逻辑门）

[（脏手）+（空气）+（食物）+（饮料）]+

[（寒冷天气）×（未穿保暖衣服）]+

[（割伤）+（肌肉损伤）+（骨折）]＝生病

这实际上是布尔代数计算，与计算机中的数学和逻辑计算相同。用于描述故障树分析条件的符号（图 3.4）实际上是用于在计算机中构建处理器的电子逻辑门的符号。我认为没有必要说明计算机可以完成各种数学和逻辑计算，这意味着我们可以用故障树分析描述的所有内容都可以通过计算机来计算。请注意计算机可以生成、监视和分析的仿真的复杂性。因此，请记住，故障树分析可以描述我们生活和工作中遇到的每一个复杂情况，我们可以在风险分析、风险预测和风险减缓中使用领结模型。关于复杂的系统不能用领结方法来分析的说法是完全不正确的。

通过上述公式（图 3.3）及其组合（以故障树分析图形式连接）所描述的这些事情，将产生一个叫作"生病"的事件。

假设事件已经发生。现在，我们转到图的另一侧，即事件树分析一侧。首先，如果我们“生病”了，我们将尝试自己处理。如果不起作用，我们将去看医生（普通医生）。如果普通医生不能提供帮助，他（她）将把我们送到专家那里。如果专家无法解决问题，那么外科医生将尝试为我们提供帮助，最终，如果任何建议的解决方案都无法帮助我们，那么……

故障树分析图显示原因之间存在线性组合。故障树分析图（图 3.3）并没有将这些原因结合起来，也没有将这些原因与外界联系起来。因此，差的表述不能提供包括所有原因和组合的良好画面。例如，假设我出了车祸，结果我的腿骨折了。这是冬天，我的汽车坏了，发动机不工作，因此暖气不起作用，由于窗户损坏了，我感到非常冷。因此，我的“生病”事件将受伤与感冒相结合。我可以表述这个组合吗?

当然。它在图 3.3 中以紫色显示。

正如我们从“改进的故障树分析图”中注意到的那样，领结模型也可以用于图中所有原因的许多非线性和复杂组合。问题是，这变得更加复杂，尤其是对于复杂的系统。而且，如果我们尝试使用这种复杂的故障树分析模型进行定量计算，则必须使用计算机软件。因此，以下公式包括图 3.3 中的紫色“颜色事件”：

{[（脏手）+（空气）+（食物）+（饮料）]+[（寒冷天气）×（未穿保暖衣服）]+[（割伤）+（肌肉损伤）+（骨折）]}+{（车祸）×[（寒冷天气）×（未穿保暖衣服）×（骨折）]}＝生病

我们必须考虑这样一个事实，即故障树分析获得的细节越多，它越可能影响到事件树分析的防线和“补救措施”，但这在我们的“生病”案例中没有考虑。

故障树分析培训的受欢迎程度不是很高，因此大多数故障树分析课程只是基础课程。由于需要大量的数学和工程知识，尤其是对于故障树分析描述和计算，这种方法在质量经理和安全经理中并不那么流行。

这里我们要强调，故障树分析用于可靠性分析。令人失望的是，质量经理和安全经理很少将其用于其他质量和安全事务。我相信，这种方法被忽视的主要原因是对其不了解，你需要认识到故障树分析是保持系统的必要投入。你可以在以下网站（http://www.fault-tree-analysis-software.com）免费使用故障树分析工具。

我非常赞赏领结模型的功能。在某些文献中，你可能会发现认定它只能用于线性系统的观点，我非常不同意。但是，如果有任何限制，它并不影响其适用性。它是质量和安全事件定量和定性分析的一个漂亮模型。我之所以如此赞赏领结模型的原因之一是，我们可以使用故障树分析为事件开发不同的场景。领结方法论深入研究了流程，可用于描述系统内部的所有干扰和相互作用。它被美国航空航天局、军方和核工业使用。我还记得它是卢森堡欧洲航空安全组织空中航行服务学院的安全航空课程的一部分。

我强烈推荐它！

3.7　绝对安全与最低合理可行（ALARP）准则

我父亲不游泳。他曾经说过，他不会因溺水而死，只有会游泳的人才会溺水。父亲知道自己的游泳能力，所以他从未进入过比膝盖高的河流、湖泊或海洋，溺水的危险对他几乎为零。他的泳裤仅在洗衣机中与水接触。此外，他从未登过船。他绕过了一个非常重要的生活经历（游泳），但是他没有抱怨：他很开心没有游泳。我父亲获得了绝对的安全（至少在他的一生中）！

我们可以达到绝对安全吗？

是！我们可以！但是我们必须贯彻我父亲的方法。

仅当飞机停飞时，航空零事故才能实现，这是没有道理的。核工业中的零征候（或事故）意味着必须关闭所有核反应堆。只有在街道上没有汽车的情况下，我们才能实现交通零征候（或事故）。

这是非常安全的，但不切实际。绝对安全意味着没有危险或至少所有危险都被识别和量化为风险，并且所有风险都已消除或至少减缓到可以接受的后果——换句话说：一个完美的世界！

我们实际能达到的是“最低合理可行”（ALARP）。这是一个追求安全的概念，但不会付出太大的代价。当我们尝试消除风险时，必须实施ALARP，因为这是我们系统最安全的解决方案。但是，如果消除风险代价太大（不仅在金钱方面，而且在时间和资源方面），我们必须设法减缓风险。在此过程中，我们只是在减缓风险，这意味着一些残留风险留在系统中，并且该残留风险还必须“最低合理可行”。此概念还用于健康、安全和环境（HS&E）领域。

措辞中的“秘密”是：“合理可行。”这意味着我们为减缓风险而付出的代价必须大大低于所获得的利益。这意味着需要成本-效益分析（CBA）。简而言之，如果代价太大，则公司将面临另一个更危险的风险：宣布破产（请参阅第6.2节）。

如果我们需要在消除或减缓风险的几种可能性中做出选择，则ALARP是一个非常好的概念：我们进行成本-效益分析并查看结果。但是不要忘记，主要目标是提高安全性而不是获得经济利益。

保持安全最重要的是要优先考虑消除风险，而不是减缓风险。因此，如果我们将ALARP应用于特定风险，并且成本-效益分析显示减缓风险的代价比消除风险的代价低得多，这并不意味着我们应该选择减缓风险。即使我们进行成本-效益分析，我们的决策也应更多地基于相关的良好实践，而不是分析得出的数值。原因是，每项风险背后总是存在“隐藏的结果”，我们无法知道其代价。成本-效益分析必须考虑特定的消除或减缓方法是否会造成一些新的危险。如果引入了新的危险，成本-效益分析也应将其考虑在内。决策的主要规则是：没有风险总是比拥有极小的风险要好得多。

实现ALARP涉及理解问题。主要问题是：我们如何找到“合理可行”的值？甚至成本-效益分析也不能对此提供一个很好的答案，因此绝不能用作唯一的论据。通过成本-效益分析得到的值必须基于公司的共识和既定的工作惯例，并且必须帮助经理制定决策。如果提前完成成本-效益分析会有所帮助，因为它将在减缓风险方面节省时间。确定ALARP是一项棘手的活动，需要付出相当大的努力才能找到真正的值。在计算ALARP中，实践经验比数学知识更重要。

在图 3.5 中，以图形方式显示了通过成本–效益分析选择ALARP的方法。风险变化以红色显示，成本变化以蓝色显示。绿色的三个点（1、2 和 3）代表ALARP的不同选择。我们可以注意到，每个点（选择）都有不同数量的风险和成本。成本–效益分析会选择风险和成本之间最佳的点 2。但是一些经理可能认为风险仍然过高，因此选择了点 3，投入更多的钱用于减缓风险。一些经理会选择点 1，这会带来更大的风险，但同时也会节省一些钱。这是一个明智的选择吗？我不知道。优秀和差劲的管理者之间的差异可以用决策来解释，所有的管理者都必须为自己的决策负责。如果需要选择，我将选择点 3。我只是希望风险较小，这给了我一些“备份”空间，以防万一我错了。

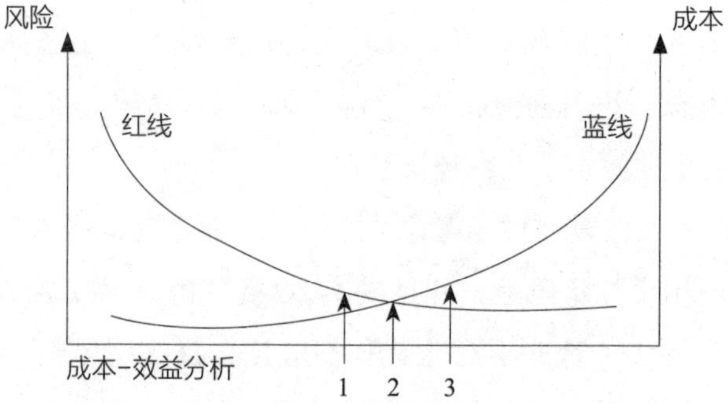

图 3.5　选择ALARP

不幸的是，无法识别所有危险，因为这意味着我们可以预测未来的所有可能情况，而这种情况不太可能发生。因此，我们只能考虑已经确定的危险，从而计算风险，并尝试找到消除或减缓风险的解决方案。随着系统寿命的延长，在运行过程中很可能会出现新的危险。这就是必须始终监控体系的主要原因。对体系中事件的分析将显示危险是熟悉的危险还是新出现的危险。我们在这里谈论的是体系每个步骤中（与我们生活中一样）的隐患。重要的是要意识到，即使我们意识到的危险也可能以完全不可预测的方式出现。对于简单的系统，这不太可能，但是在复杂的系统中，这是现实。因此，安全–Ⅰ应对已知的危险，消除和减缓与这些危险相关的风险（频次和严重性）的可能性。我们可以通过识别危险，将危险量化为风险并尝试消除或减缓风险来提高安全性。无论我们谈论的是哪个系统（简单或复杂），安全–I都可以做到。稍后我们将看到这种方法非常成功。

要计算已知危险的风险，我们可以使用表3.1中列出的风险评估矩阵。从矩阵中可以看出，没有绝对的安全。

表3.1 风险评估矩阵

风险概率	风险严重性				
	灾难性的A	危险的B	重大的C	较小的D	可忽略不计的E
频繁的5	5A	5B	5C	5D	5E
偶然的4	4A	4B	4C	4D	4E
少有的3	3A	3B	3C	3D	3E
不大可能的2	2A	2B	2C	2D	2E
极不可能的1	1A	1B	1C	1D	1E

可能性	含义	等级
频繁的	可能发生多次（经常发生）	5
偶然的	可能有时发生（不经常发生）	4
少有的	不太可能发生，但有可能（很少发生）	3
不大可能的	不大可能发生（未曾发生过）	2
极不可能的	事件发生几乎是不可思议的	1
严重性	含义	等级
灾难性的	设备损毁，多人死亡	A
危险的	安全裕度大大降低，操作人员的身体不适或工作负荷很大，以至于他们不能准确或完整地完成任务；严重伤害，主要设备损坏	B
重大的	安全裕度明显降低，由于操作人员工作负荷增加或出现损害其效率的情况，其应付不利操作情况的能力下降；严重征候，人员受伤	C
较小的	小麻烦，运行、操作限制，启动应急程序，较小的征候	D
可忽略不计的	后果微乎其微	E

资料来源：ICAO 9859号文件《安全管理手册》第3版，2013年。国际民用航空组织，加拿大蒙特利尔。

因此，我们可以谈论用可接受风险表示的可接受安全水平。有时我们可能会容许可容忍的风险，这意味着该风险不会经常发生，并且所带来的后果不会造成太大问题。从另一个角度来看，存在我们根本无法承受的风险。

这三种可能性在风险可容忍度矩阵（表 3.2）中进行了表述，该矩阵涉及航空风险。

绿色区域是可接受的区域，如果我们将计算出的风险包括在该区域中，那么安全就没问题了。

黄色区域是可容忍的区域。我们需要尝试降低风险（减少频次或减轻后果），然后将其置于“可接受的范围”内。也许有必要重新计算风险，通常我们会寻求管理人员关于如何处理此风险的决定。必须时刻监控该区域的风险。这些是“关键”风险：它们可以将自己转移到“可接受的区域”或“不可容忍的区域”（不好）。需要制订针对这些风险的应急计划。

表 3.2　风险可容忍度矩阵及解释

对可容忍度的描述	评估的风险指数	建议的标准
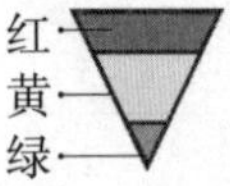	5A、5B、5C、4A、4B、3A	现有情况下不可接受
	5E、5D、4D、4E、3B、3C、3D、2A、2B、2C、1A	基于风险减缓可接受。可能需要管理层的决定
	3E、2D、2E、1B、1C、1D、1A	可接受
红色	高（不可容忍）风险：如有必要，立即停止或减少操作或运行。实施优先的风险减缓措施，确保额外或增强的预防控制措施到位，使风险指数降至中度或低度的范围	
黄色	中风险：如可行，安排采取安全评估措施，使风险指数降至低度范围	
绿色	低风险：风险可接受，无须进一步采取风险减缓措施	

资料来源：ICAO 9859 号文件《安全管理手册》第 3 版，2013 年。国际民用航空组织，加拿大蒙特利尔。

红色区域是不可容忍的区域。我们不能接受这种风险！我们必须找到消除或减缓它的方法。并非总是可以消除风险，但是通常我们可以找到一种减缓（降低）风险的方法，可以通过两种方式来做到这一点：降低频次或减少后果。这是一种将风险从不可容忍区域转移到可容忍区域或可接受区域的方法。

黄色和红色区域是我们必须应用ALARP的区域。

3.8 事故和征候

事故和征候是安全- I（尤其是航空领域）中非常重要的关注点。在 2000 年之前，国际民航组织发布了一项规章要求，声明应尽快报告和调查每起事故。立即报告的重要性在于，如果有幸存者，他们很可能受伤，需要紧急医疗挽救生命。先前的调查显示，仍有幸存者因缺乏紧急医疗而在事故后死亡。甚至在那时，就有一个用于传播事故信息的完善系统，为潜在幸存者提供医疗支持。

此外，航空界努力理解问题出在哪里以及事故是如何发生的。国际民航组织发布了附件 13（事故调查，1951 年），如今已成为调查事故的标准。

事故调查是提供事故原因信息的有力工具。这源自大量人员参与事故调查这一事实，因此诚信度很高。国际民航组织附件 13 指出，应由负责领导调查的小组组长组建小组。调查组长必须来自事故发生所在国，并且小组成员必须是不同领域的专家。保证调查完整性的要点无非是要求包括飞机运营人所在国和飞机制造商的代表。

不幸的是，调查并不总是彻底的，结果并不总是被接受的，监管机构也并未总是以正确和及时的措施做出反应以阻止再次发生这些事故。然而，调查提供了非常有用的数据，这些数据已经引发了航空领域方方面面的许多变化。

随着时间的流逝，又出现了另一个事故模型，并通过“事件顺序”模型建立了事故和征候理论。该模型指出，事故通常是作为“一系列不良事件”发生的，而这些事件就是征候。因此，只要简单地消除事故的原因，我们就能“打破事故链”。结束征候将停止事故。虽对征候的本质意义进行了大量调查，但有关征候的数据却没有保存。

国际民航组织通过要求所有航空主体实施安全管理体系，已经在着手建立关于如何处理事故的“系统方法”。因此，与其他要求一起，创建了从征候收集数据、对其进行分析并发布结果的新要求。如今，仍然没有足够的数据来为所有类型的征候建立良好的安全目标①，但我认为情况会变得更好。

致力于对过去事件的分析，以了解事故和征候如何发生是完全被动的：发生了一些不好的事情，我们对此做出了反应。但从经验教训来看，这是防止将来发生事故的非常合法的过程。今天，我们将根据需要保留此过程，但它一定不能成为唯一的信息来源。对于“发生了什么”与“将会发生什么”之间的理论联系，人们存有疑问。了解过去有助于了解今天的状态，但是事实证明，历史经常重演。因此，我们需要另一种思考方式，即如何将当前运行的分析与未来的可能性联系起来。

事实是，安全-Ⅰ已被证明非常成功。在图 3.6 和图 3.7 中，显示了从 1942 年到 2014 年民航事故和死亡人数的数据。这些数据不包括恐怖行为。通过数据的图形表示（图 3.6 和图 3.7 的蓝色阴影区域），我们可以看到，从 2000 年开始（当SMS成为规章要求时），事故（灾难性后果）数量显著减少，死亡人数也在减少。

与 1942—2014 年相比，2000—2014 年的平均值降低了 64.7%，事故的标准差降低了 40%。对死亡人数的相同比较可看出，平均值改进了 69%，标准差改进了 53.8%。

3.9 对安全的错误理解

在安全方面的情况比质量的情况要好。原因是为将安全引入航空业已经做好了充分的准备。准备工作非常彻底，所提供的培训也令人佩服。关于质量，一切都留给了公司：他们开发了提高质量的方法，这是他们的事。安全的引入方式有所不同。它是通过将国际民航组织标准与建议措施（SARPs）转变为可行的管理体系的监管机构来系统地完成的。美国的联邦航空局和欧洲的

① 参见本书第 3.10.2 节。

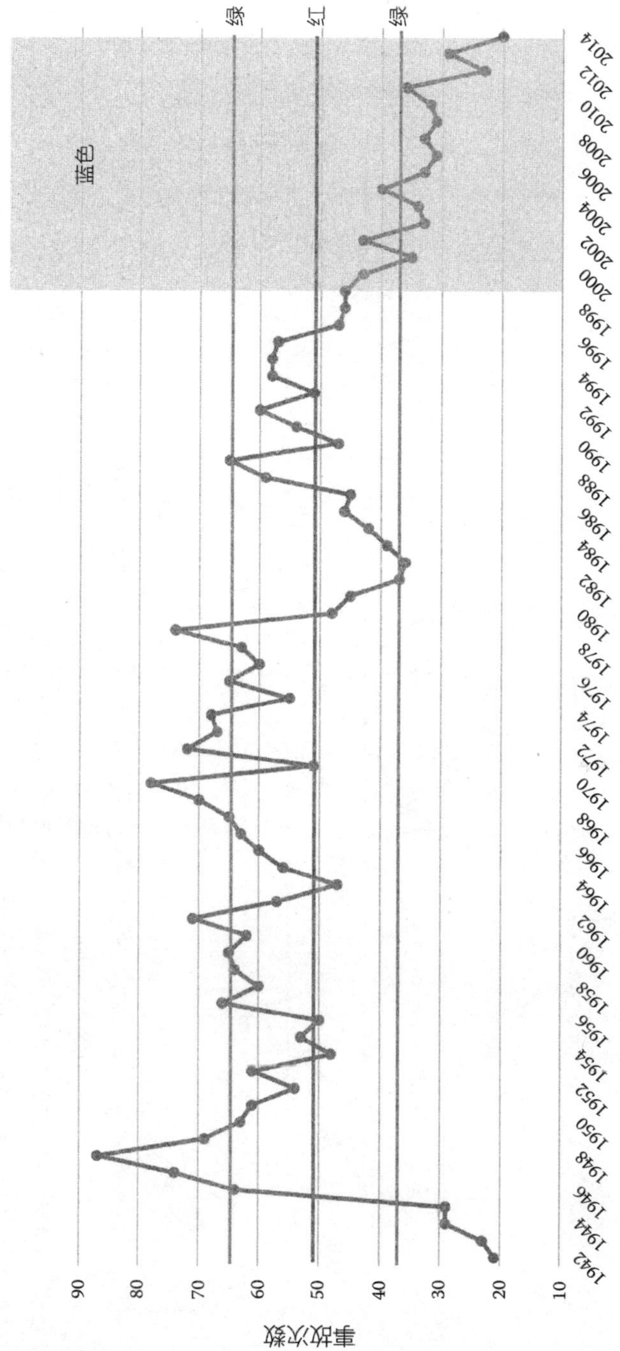

注：红线是每年的平均事故次数（51.05），绿线是标准差（$\pm\sigma=\pm 15.07$）。

图 3.6 1942—2014 年全球死亡事故统计（数据来自http://aviation-safety.net/statistics/period/stats.php?cat=A1.）

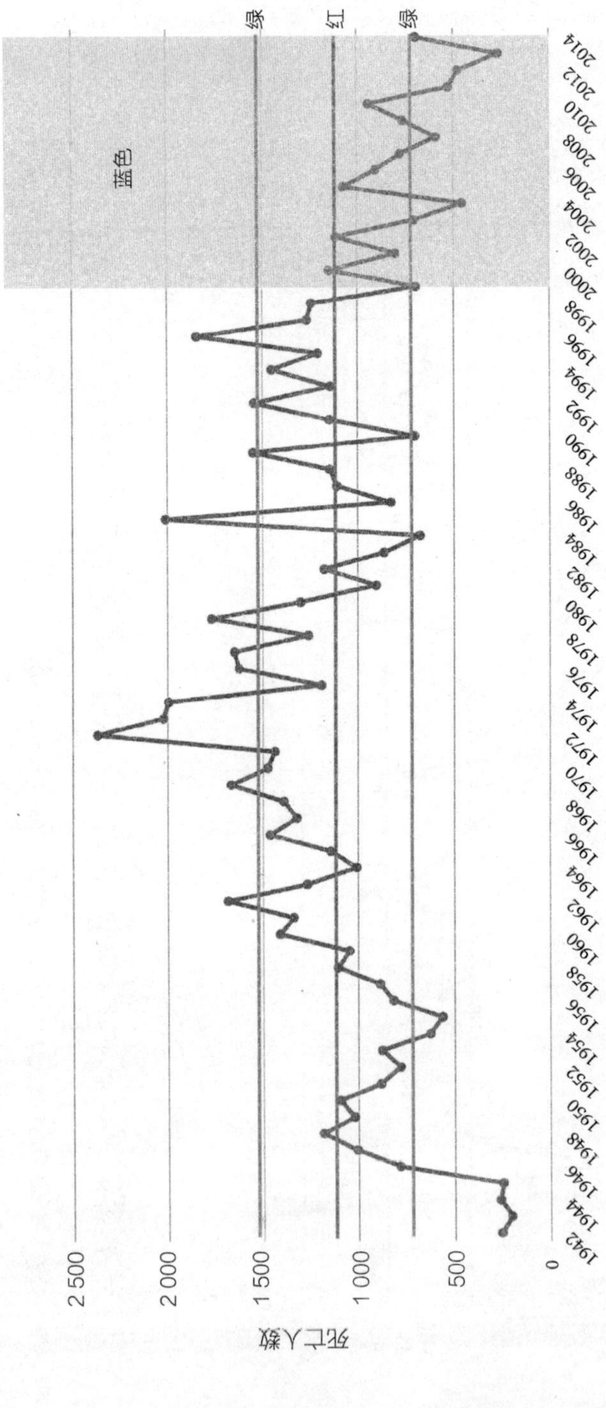

注：红线是每年的平均死亡人数（1 084.2），绿线是标准差（±σ=±464.31）。

图 3.7 1942—2014 年全球死亡人数统计（数据来自http://aviation-safety.net/statistics/period/stats.php?cat=A1.）

EUROCONTROL已制作了所有必要的文件，以阐明安全的各个方面，尤其是对于空中航行服务供应商而言。它是公开的：每个人都应该共享与改善安全有关的所有信息（方法、统计、调查、安全案例等）。

请记住，建立安全管理体系要求的时间大约是20年前，航空业对安全管理体系的总体了解仍然很差（尤其是对于航空公司和维修单位）。国际航空运输协会（IATA）编写了手册和方法，但是如上所述，航空公司只是在“形式上”使用它，而对安全管理体系的基本知识没有任何清楚的了解。

在所有行业中，对安全最常见的误解是将安全与健康、安全和环境（HS&E）混为一谈。这不是什么大问题，因为存在可能的关联，但是“我们的”安全与功能（操作）安全有关，而与保护员工或客户无关。“我们的”安全是指在使用“我们的”产品（飞机、反应堆、药品、化学品等）或提供“我们的”服务［空中交通管制（ATC）、电力供应、化学和医药制造等］的操作过程中存在的风险。

前面提到的误解不是一个大问题，但是在危险行业中，还有其他误解更为危险，主要是因为后果严重。如前所述，你可以将安全与HS&E集成，但我强烈建议不要这样做。第一个原因是与HS&E的关联将“冲淡”真正的安全活动。HS&E受不同法规的约束，并且它们具有适用于所有行业的其他方法（用于解决问题）。为了“我们的”安全，方法是完全不同的，并且它们是“本地化”的。第二个原因是“我们的”安全管理体系是动态的，并且对其进行监视和控制的需求是持续的。安全经理绝对没有时间监视和控制两个系统。

让我通过航空中的两个例子（类似于第2章中的示例）来解释对“我们的”安全的基本误解。

3.9.1 示例1

“在亚洲最富活力的城市之一中，一个非常成功且不断增长的公务机客户”正在寻找安全经理（SM），下面是要求（斜体字）和我的评论。

● *在组织职能方面具有非常好的知识和经验，如培训、机场运行、维修、组织管理等。*

为什么？每个公司都有不同类型的组织。雇用一个人时，他（她）将需要至少 2 周的时间来了解公司的组织方式。

● *了解百慕大和香港民航处（HKCAD）的空中航行命令（ANO）以及国际民航组织附件 6 第 1 部分和第 2 部分。*

为什么？该人将创建完整的安全管理体系，以准备在任何条件下履行航空公司的所有义务，而无须特别考虑空中航行指令或香港民航处。安全管理体系只能添加特殊要求，但是安全管理体系最初必须满足国际民航组织要求（就像各国需要满足国际民航组织要求一样）！

为什么是"对国际民航组织附件 6 的了解"？那个人不会和飞机打交道！他（她）将处理安全管理体系和程序（类似于质量管理体系），并且涉及团队合作。你可能会像爱乐乐团那样看待它：安全经理是指挥，关注乐队的整体表现。他（她）并不是所有"乐器"的专家。但是他（她）需要熟悉所有程序！

● *具有丰富的安全管理原则和实践知识。*

实际上，他（她）需要是安全管理方面的专家，而不必是航空方面的专家。航空的特定规则不超过任何安全管理体系总体规则的 5%。

● *良好的口头和书面沟通能力。*

是每个员工的要求，不是专门涉及安全的员工。

● *计算机知识。*

是每个员工的要求，不是专门涉及安全的员工。

● *很强的组织能力和领导能力。*

是每个管理人员的要求，不是专门涉及安全的人员。

因此，在五项要求中，只有一项是专门与安全管理体系相关的，但即使是这一项要求，解释也很宽泛。

3.9.2 示例2

欧洲的一家航空公司正在寻找安全经理，这是对适合该职位的人员的要求。

- *10年的机长经验。*

为什么？人们认为掌管飞机意味着你在安全方面比其他人员更好，这是很奇怪的。很久以前，一位飞行员向我解释说，他们每天都与危险接触，因此他们比其他人更了解危险。但是，从1950年到2000年的航空事故统计表明，其中近80%是人为差错造成的。飞行员错误占所有这些错误的88%。因此，我想知道负担这么重的人在安全方面如何比其他人更好。还是让我用一个比较来解释一下：按照上述逻辑，这是否意味着我们应该任命一名犯罪记录丰富的人作为警察局长？

为什么不？

他每天都在处理犯罪，因此他比其他人更了解犯罪。

还有一个很好的例子：医院经理应该是医生吗？聘请医院经理时，医学专业知识是唯一标准吗？他们是医学专家，但是医院也是一个经济组织，管理医院的经济对患者的健康以及医学方面都非常重要。

让我们强调一个非常重要的观点：安全可以通过系统的方法来实现，而这只有通过实施有效且高效的安全管理体系才能实现。危险和风险只是风险管理的一部分（这只是安全管理体系的一部分）！我认识许多飞行员，但其中没有一位向我展示过在知道危险的情况下如何计算风险的基本知识。因此，让飞行员处理安全问题（仅因为他是飞行员）是非常错误的态度！

另外，我们谈论的是将成为经理并与管理层打交道的人。成为一名飞行员（或工程师，医生或教师……）会使你成为一名好经理吗？考虑一下。

- *独立的，面向任务的工作方式。*

当然！根据定义，安全经理专门负责任务（保持安全），并且他（她）是独立的。

- *承担管理责任。*

我想知道这与安全管理有什么关系。（回答：与安全无关）

- *团队合作能力。*

安全是团队的努力，我同意！无须提及。

- *对微软Office有足够的了解。*

今天有没有人无法与微软Office打交道？微软Office中有什么特别的东西可以帮助安全经理成为一名好的安全经理？与安全无关！

- *精通德语和英语。*

对此没有评论。

因此，在六项要求中，只有两项与安全经理的职责有关。实际上，关于安全经理还有更多的要求。他们必须具备质量经理中提到的所有能力，而且他们还需要具有出色的风险管理知识。这是质量经理和安全经理之间最重要的区别。但是，这两家公司中没有人正在寻找精通风险管理的人。我真的很想知道，精通风险管理的安全经理在全球的百分比是多少。

3.10 建立良好的安全管理体系（SMS）

与质量问题类似，由于系统差错，发生了大量事故。因此，安全也需要系统的方法。正如我们在一开始所说的，你必须建立有效且高效的安全管理体系！同样重要的是，安全管理体系根本不可能是部分的或形式上的，应该是整体的。它必须涵盖提供某些服务（电信、电源、交付、物流、运输等）的整个公司，甚至包括外部公司。与任何外部公司签订合同之前，必须包含有关安全管理体系的条款。你应要求公司允许你控制你所关心的事项。如果他们不同意，则找另一家公司。

不要让自己建立形式化的安全管理体系，因为（与质量管理体系的情况类似）你在浪费金钱，没有结果。但是永恒的问题是：航空公司（维修单位）会从中获得（经济）利益吗？

航空公司和维修单位从一开始就是航空的一部分。如果对它们进行分析，我们可以看到它们作为经济型企业，更多的是工业而不是航空的一部分。因此，它们通常会抵制非经济驱动的变化。关于安全“经济”的问题很明确：许多小公司仅在发生一次事故后就破产了。

如今，我们在房屋、道路、工作场所中都充满风险。“坏事会发生在好人身上。”的确如此：征候和事故总会发生！这些事情发生后，我们问自己：我们能让它有所不同吗？当然可以，但是我们需要事先考虑。这就是安全管理的意义：事先考虑！正如我们在白宫委员会的报告中所注意到的①，每起征候都会给我们带来损失。历史表明，许多航空公司在其中一架飞机坠毁后破产。而且，在系统开发的后期纠正质量或安全差错或处理后果的成本始终非常高。

甚至美国劳工部在其网页上也发布了“安全业务案例”②，在幻灯片16上，安全失效的成本用冰山一角表示：只有一小部分位于“水面上”（你可以看到这些费用），而其中大部分是在“水面下”（你看不到这些费用）。因此，你应该自己计算。

我强烈建议航空公司建立良好的安全管理体系，不是因为这是规章要求，而是为了自己。好的安全管理体系是一个涵盖航空安全所有方面的系统。

各国必须通过其监管机构制定国家安全方案（SSP）③。国家安全纲要应包含这四个组成部分，并且它们都同等重要：

1. 安全政策和目标；

2. 安全风险评估；

3. 安全保证；

4. 安全促进。

这里介绍的四个方面是每个国家安全方案的核心。

---

① 参见本书第3.5节。

② https://www.osha.gov/dcsp/success_stories/compliance_assistance/abbott/abbott_casestudies / slide16.html.

③ 国际民航组织附件19《安全管理》第一版，2013年7月。

3.10.1 安全政策

在这里，我们有一个非常奇怪的情况。安全政策（SP）以及安全目标是每个安全管理体系中必须定义的最重要的内容，但是通常只花费最少的时间和精力。

有趣的是，大多数公司不了解安全政策的目的。这导致安全政策只是一个叙述，没有任何实际意义。为什么安全政策如此重要？首先，它的重要性体现在外面的人来熟悉或审核我们的安全管理体系时，安全政策是他（她）要寻找的第一件事。它实际上解释了公司如何保护安全。这就是安全政策应该成为安全手册的一部分并且必须放在安全手册开头的原因。安全政策之所以重要的另一个原因是，对于执行与安全相关的活动，安全政策对公司具有法律约束力。所有这些活动都是使用安全经理及其团队制定的程序执行的。但是，安全经理及其团队无法预测所有安全情况，如果程序未提供有关如何处理特定情况的规则，则航空人员必须即兴发挥。即兴发挥必须符合安全政策。这就是安全政策如此重要的原因！如果员工的活动与安全政策不一致，则可以起诉员工。

为了剖析安全政策理解中的问题，我将举出我在过去 10 年中读到的真实安全政策的例子。我见到过一家根本没有安全政策的航空公司。他们只是在其安全手册中写了一份安全声明，说他们将预防事故作为头等大事，并承认每位员工都有责任将安全纳入运行。我不知道他们是如何通过这样的声明获得执照的。

下面是安全政策不同部分的其他一些示例，并附有我的补充评论。

1. 制定安全政策表明公司致力于工作场所、运行中的安全和积极的安全文化。该政策适用于所有员工以及公司活动的各个方面。

这是安全政策一部分的示例，有趣的是，这是唯一提及运行安全的地方。通过阅读安全政策的这一部分，我可以得出结论：这主要是针对HS&E领域，与航空业要求的安全管理大不相同。他们可能将HS&E与航空安全联系起来，但是在这里这样做是非常难以令人信服的。

2. 我们公司已建立并实施了安全管理体系（SMS），旨在降低员工受伤风险，防止事故发生，最大限度地减少对设备和财产的损害，并积极开展工作以识别和减少工作场所的危险和/或风险。

在这个示例中，你会注意到缺少对公司内部危险和风险的正确理解，这让人对他们正确处理风险管理的能力产生了怀疑。

3. 公司的政策是确定并遵守所有与工作场所安全有关的适用的联邦和州法律和法规。公司致力于将有关航空业安全的“最佳实践”纳入其中，并为每位员工提供一个安全健康的工作场所。安全和风险分析是公司所有决策过程中不可或缺的部分。

这是航空公司安全政策的一个示例，与在飞机运行过程中可能受到危险的乘客或其他方的安全没有任何关系，这与之前的声明一致，即这是任何公司的HS＆E政策的一部分，而不是作为航空公司运营的公司的安全政策。

4. 执行责任人是“X”，他是公司总裁。X先生负责运行合格证授权下的所有活动，并为公司满足国家航空法规的要求负责。安全管理体系由安全管理体系经理管理，该经理直接向执行责任人报告。

我确实认为，这里不是提到高管名字的地方。这可以在安全手册的开始部分（应在其中解释职责）进行。我的问题是：当他们更换责任经理时，他们会改变政策吗？不过，我可以接受这种做法。

5. 公司内任何人都不能对需要团队合作以确保工作场所安全的事务进行否决。

这是一个很好的示例，安全政策包含一些根本不清楚的内容。我不知道为什么这是安全政策的一部分，因此我不会对此发表评论。

6. 每个员工都有责任采取积极主动的预防性安全措施。所有员工必须采取行动，以在需要时立即减缓危险，并按照特定的报告程序立即报告危险或征候。

值得注意的是，安全经理和高层管理人员的职责已转移给员工。如果安全经理正确地履行其职责，他（她）将制定程序，以产生“一种主动和预防性的安全方法”。员工应该遵守这些程序，但是如果程序不符合“主动和预防性的安全方法”，那么员工又该如何将其作为一项“责任”来遵守呢？

7. 对于试图防止伤害或报告任何事故、征候或危险的任何员工，将不会纪律处分或采取其他惩罚措施。每个员工都必须遵守安全管理体系手册中描述的规则和程序。

这是建立无惩罚的安全文化步骤的一个很好的例子，但在这里我将使用“事件”一词，而不是“事故、征候或危险”。识别出的危险列表中的所有内容以及程序中未包含的所有内容都是可能造成危险、事故和征候的事件。这些都是需要报告的事情，因为并非每个员工都经过培训以识别危险或事故。这就是员工报告事件的原因，而安全经理或安全部门的员工将决定危险和风险。所有人都可以识别出一次事故，而且我敢肯定，没有人需要接受培训来识别事故，但是隐藏于不安全行为中的危险并不是每个人都清楚的。

8. 可被视为非法、疏忽、故意的活动，不当行为或不当关注将被视为不符合本安全政策的范围，并将根据公司的标准和员工行为准则进行处理。

这可不好！在上一条（第 7 条）中，我们正在建立具有非惩罚政策的安全文化，在这里，我们要处理的是安保而非安全。许多人无法区分安全和安保，让我们解释一下这两个术语。

安全[①]是指将与航空器运行相关或直接支持航空器运行的航空活动的相关风险减少并控制在一个可接受水平的状态。

安保涉及“非法活动”和“故意的不当行为”。这是警方调查的一部分，与安全无关。

安全政策不应将这两件事混合在一起：它应该与安全有关，而与安保无关。此外，安全政策必须由安全经理与高层管理人员协商后制定，并且必须由高层管理人员（总经理或首席执行官）签署。还必须将其分发给员工并向员工解释，最好将安全政策（打印并由首席执行官签名）贴在公司每个部门或处室的墙上。这样，安全政策始终存在于工作区域中，以提醒员工其工作的主要目标。

---

① 定义摘自国际民航组织附件 19《安全管理》第一版，2013 年 7 月。

3.10.2 安全目标

安全目标（SO）也是安全管理体系的重要组成部分。安全目标显示了公司在特定时期内需要“行驶”的“道路目的地”。它需要基于数据分析，并应以数字表示。它可以是总体安全目标，也可以是专用于特定时间段（一个月、一年等）或公司发展阶段的安全目标。另外，这也是可以解释公司ALARP概念的好地方。

安全目标的声明①可以是：“将事故率保持在 0，严重征候低于 10^{-7}，较大征候低于 10^{-5}，一般征候小于 10^{-3}。”依此类推。

通常，安全目标由监管机构给定，并且公司需要调整其活动以使其满意。明智的公司将制定比监管机构要求更严的安全目标，这为自己提供了一个“缓冲区”。当到达缓冲区时，该缓冲区可能会发出警报，并且公司仍可以位于“安全区”。公司努力实现安全目标，但是有时事情并没有按计划进行。

3.10.3 安全风险评估

安全管理体系的这一部分过去是质量管理体系和安全管理体系之间的主要区别。我之所以说“过去”是因为这种差异不再那么大：新版ISO 9001：2015的一章专门讨论风险管理，但专门针对质量问题。

安全风险评估是风险管理的一部分。它是以书面程序表达的管理程序，解释公司如何应对运营风险。关于如何识别危险、如何计算风险、如何分析风险的影响（这就是风险评估！）以及如何将风险消除和减缓到ALARP提供的可接受的水平，需要制定程序②。另外，需要具有用于收集有关事件的内部和外部信息的程序的知识，以调整安全目标。不同行业的风险管理程序不同。但是所

① 此处给出的声明没有实际含义，仅作为示例给出。

② 一个或多个程序。

有这些都涵盖了前面解释的问题。国际标准化组织在2009年发布了名为“风险管理”的标准ISO 31000：2009，但我不确定它在不同行业中引起了足够的变化。原因是有很多方法处理风险管理问题，国际标准化组织标准只是正式批准了它们。所有人员在如何使用风险管理方面可能会选择不同的方法。

此活动的第一步是识别危险。你可以使用任何可用的方法［危险和可操作性[HAZOP]研究、危险源辨识（HAZID）研究等］，但是你必须考虑一些重要的事项。我强烈建议使用以下程序来识别危险。

1. 识别不同领域的危险。对于航空公司而言，这意味着需要确定与飞行运行（飞行员）、客舱机组、地面勤务、维修等有关的危险。在空中交通管理（ATM）中，识别空中交通管制（ATC），通信、导航和监视（CNS），航空情报系统（AIS），气象服务（METEO）等中的危险。所有这些领域都可能出现不同的危险，需要采取不同的方法。

2. 应通过“头脑风暴”小组会议进行识别。安全经理应与特定的员工群体（飞行员、客舱机组、机械员等）见面，并要求他们写下危险（尽其所能）。有些危险看起来很愚蠢，但必须将其考虑在内。之后，在风险评估（确定频次和后果）中，我们可以发现与所有这些危险相关的风险的真实值。

3. 安全经理应编写特定的危险清单，并将清单分发给每位员工以征求意见。同样，可能会有一些愚蠢的评论，但是此步骤是必需的，因为它可能会用新的危险来更新列表。在某些情况下，例如，飞行员可能注意到地勤人员没有意识到的地勤危险。

4. 安全经理应询问这些特殊的员工群体（飞行员、客舱机组、机械员等），他们对这些危险的发生频率及其可能产生的后果的意见。这些员工的意见和评论非常有价值，尤其是在缺少特定数据的情况下，安全经理必须仅依赖此信息。根据他们的数据和特定工具的实施，安全经理将计算风险。

5. 在计算风险之后，应再次将结果提供给所有员工以征求意见。安全经理应当考虑收到的所有评论，并基于此决定是否需要采取措施。

6. 识别的危险和评估的风险清单应保持更新。将来，有可能消除一些危险

（更换飞机、设备、程序等），并可能会发现新的危险。

我曾在巴布亚新几内亚的一家航空公司担任质量和安全经理（4 架飞机，120 名员工），他们已经实施了质量管理体系和安全管理体系。问题在于他们尚未识别危险。我给了他们编写好的已识别危险清单，并请他们发表意见。员工发现了一些新的危险（飞行员、地面勤务和维修），工作在 4 天至 5 天内完成。同一行业中的不同公司可能具有不同的危险，没有“最终”危险清单，因此在每个公司中都应重复上述步骤。

重要的是，危险识别和风险评估不止于此。公司中的所有变更（新员工、新设备等）都可能造成新的危险，并更改已经确定的危险之前的风险评估。这就是为什么公司变更必须在安全经理的监督下进行团队合作。安全经理明确了必要的变更，并制订了如何实施变更的计划。他（她）将与特定的一组雇员（飞行员、客舱机组、机械员等）会面，并提出计划，征求他们的意见（从他们的观点出发）。假设实施新的雷达显示可能会从空中交通管制员（HMI①）和机械员（维修）的角度引发其他危险，那么这些人应该研究这种变化将如何影响他们的工作并检查这种变化是否可以造成新的危险。如果存在新的潜在危险，则必须对其进行评估，并且每个人都应再次考虑消除或减缓其危险的特定解决方案。寻找特定的问题或危险并为这些问题寻求解决方案应该始终是团队的努力。我们可以看到，安全评估是一项可以在不同活动之间建立平衡的迭代工作。

安全经理的工作是持续监视情况并在必要时采取特定步骤。实际上，必须有一个处理公司特定变更的程序。在执行变更过程中，此程序必须进行严格的监督，并且必须考虑对备份或应急计划的特殊需求。

① 人—机界面。

3.10.4 安全保证

我们可以看到，风险管理还包括安全（风险）评估和安全保证。

缺乏征候或事故给公司带来了错误的印象，即他们的安全系统是安全的。但是现实是我们无法预测征候或事故。关于这一点有很多理论，但是本书偏重于实践而不是理论，因此我将不涉及这些理论。但是，这里出现了一个非常重要的问题：我们如何知道安全管理体系的情况——它是安全的还是有风险的？

安全保证涉及系统和操作安全的保证。为了提供保证，有必要（一直！）对系统进行监视和监督。监视和监督应提供有关系统行为方式的数据，并将该数据的分析与安全目标进行比较。当数据适合安全目标时，系统的安全性是可以接受的，当存在差异时，员工必须知道如何应对。员工对系统差异的响应必须包含在文件化的程序中，需要具有应急计划。

系统的监视适用于系统内部的过程。它必须是持续的（每天、每次运行），并且必须以下列两种方式之一进行。第一种方式是由安全经理进行特定的测量，第二种方式是使用员工收集并提交给安全经理的信息。安全管理体系必须具有一个程序，该程序将允许员工报告该程序未涵盖的所有事件或未提供所请求（或预期）结果的事件。如你所见，有必要报告每个事件，而不仅是与安全相关的事件，因为程序未涵盖的事件有可能引发征候或事故。公司实施了质量管理体系和安全管理体系，以提供运行中的质量和安全。该程序涵盖了所有“已注册”的问题，并确定了系统所产生的所有良好结果（质量规格和安全目标）。而且，不属于安全部门的公司员工不是质量和安全方面的专家，他们无法识别出哪些事件与质量或安全相关。因此，对于质量经理和安全经理来说，这是一项工作，并且要记住，许多质量事件会带来安全后果，因此安全经理应该决定所有事件的分类。与安全相关的事件必须使用第 3.7 节中说明的矩阵进行分类。

安全保证的另一种方法是对系统进行监督，即对系统的整体功能进行检查。这是通过称为审计的定期监督来完成的。由于缺乏时间，无法对整个管理系统进行审计，因此审计是通过对系统中特定领域的特定“抽样”来进行的。这意味着在一次审计中不会审计整个安全管理体系，而是仅审计系统的“样本”。下次审计将选择其他一些“样本”，并且几年内将对所有安全管理体系完成审计。从公司的角度来看，这使审计工作不够彻底，也就是说，如果审计没有发现任何问题，就可能给公司造成错误的印象，认为公司一切正常。

审计有两种类型[①]：内部审计和外部审计。内部审计被称为第一方审计，是公司自己进行的审计。接受审计培训的员工每年对公司实施的安全管理体系[②]的功能进行一次或两次检查。他们将发现的问题提供给最高管理者和安全经理，安全经理会分析发现的问题并采取措施（按需）。尽管审计是一项法规要求，但可能只是一种形式化且非常主观的活动。为了客观起见，必须由不属于安全部门或安全管理体系成员的员工来完成，因此公司必须培训来自其他部门的个人（员工）来进行此审计。你应该记住，这对他们来说是额外的负担。他们实际上每年进行一次（或两次）安全审计活动，而这种“转换”有时往往过于形式和官僚。

外部审计有两种类型：第二方审计和第三方审计。

第二方审计是指由“母”公司在与“母”公司有合同提供服务的其他公司执行的审计。当空管与电信供应商签订了通信服务合同，或者机场与一家电气公司签订了供电合同时，就是这种情况。在航空领域，如果某些服务或产品由其他公司提供，空管和机场有责任处理安全管理体系。因此，在合同制定期间，他们必须插入一个条款，即他们将进行第二方审计，以确保“第二”公司为“母”公司的安全做出贡献的能力。

第三方审计是通常由监管机构进行的审计。此类审计有几种类型。第一种是审定审计，由监管机构进行审定。第二种是定期审计，全年进行一次或两次，旨在对已经实施的安全管理体系进行监督。第三种是例外审计（也称为

---

① ISO 19011：2011《管理系统审计指南》第二版。

② 对质量管理体系也有效。

后续审计），是在怀疑事情发展方向是否正确或需要进行附加检查时进行的审计。第四种是特殊审计，它是在民航局（DGCA）有信息表明通信导航监视站有问题、设备功能或安全管理体系的实施/功能不符合规定的情况下进行的。这种不合规被视为迫切需要监督的紧迫安全问题。

有趣的是，第三方审计不仅与监管机构有关，也可以由与公司无关的任何其他独立机构（公司或个人）完成。监管机构的第三方审计也通过"抽样"过程进行。

第三方审计是了解安全管理体系实施情况的最佳方法，我强烈建议你的公司每 6 个月实施一次这种审计。公司应与另一家审计公司签订合同，该公司将执行第三方审计而不是第一方审计（内部审计）。这样的第三方审计独立于公司，并且可以非常彻底地发现公司内部的潜在组织风险。不要忘了公司安全管理体系是由自己的安全经理建立的，并且可能是主观的。第一方审计可以发现不遵循程序的情况，但是只有第三方审计才能发现较大的组织差错。

不幸的是，经济原因不利于该建议。较小的公司无力支付其他公司或个人对其进行审计的费用。大公司对安全管理体系的理解很差，因此他们永远也不会考虑这个问题。尽管这种审计可以为公司提供独立、客观的安全管理体系形象，但我不相信任何公司都会接受它，主要因为它不是一个监管要求。

所有这些活动都应提供有关公司安全水平的信息。首先，这些活动应确保公司本身是安全的；其次，应向监管机构和公众保证公司的安全。

3.10.5 安全促进

安全促进与安全相关信息的沟通和传播（内部和外部）以及员工的内部和外部培训有关。

存在与安全相关的内部事件，必须由安全经理进行分析。但是这些内部事件并没有涵盖所有应分析的事件。航空业以传播有关安全的信息而闻名。在任何情况下，特定的公司都不会说：这是我们公司的秘密！相反，有一个特殊的法规要求，这些数据应在整个航空业传播。核能、化工、医药等行业也是如此。这些数据被称为外部数据。

因此，安全经理应该负责分析在远离公司的地方发生的事件。在航空领域，国际民航组织和所有其他组织［美国联邦航空局、欧洲航空安全局、欧洲航空安全组织（EUROCONTROL）、国际航空运输协会等］定期发布安全相关事件（事故和征候）的分析。在核工业中，这项工作是通过国际原子能机构（IAEA）完成的，在医学和制药业中是通过世界卫生组织（WHO）完成的。不仅分发事件，而且还分发具有建议和指令的调查报告。安全经理还应了解这些事件，并且必须分析这些数据如何影响其安全管理体系。安全经理必须比较内部数据和外部数据，并且必须确定有任何差异时该怎么办。由于开展业务所使用的环境和资源不同，差异非常可能发生。例如，东南亚台风引起的安全事件不会影响欧洲的航空运行或核反应堆的工作。重要的是，不要忘记尽管事件可能并不相似，但是系统组织失效的一般模式始终是相同的。因此，如果安全经理能够"跳出框框思考"，那么即使是这些数据也很有价值。

你不应该做的另一件事是丢弃某些信息，因为它类似于你的体系中已经遇到的某些信息。"传统人民的智慧"中就有一个很好的例子。你还记得"狼来了！狼来了！"的故事吗？

从前有一个年轻的牧羊人，他在感到无聊时想到了一个有趣的游戏。有时，他会朝着村庄大喊："狼来了！狼来了！"村里的人都会跑来帮助那个年轻的牧羊人，但根本没有狼。年轻的牧羊人躲在树林里笑个不停。他玩得很开心。经过几次反复的"表演"，村民们开始无视牧羊人的尖叫。但是突然间，一头真正的狼袭击了羊群。这位年轻的牧羊人开始尖叫，但没人把他当回事。羊群被狼吃掉了。

这个非常古老的故事在今天完全适用，因为它讲述的是人及其习惯，根本没有改变。如果重复某件事，并且对它的反应是相同的，它将成为一种行为模式，改变它是一个问题。因此，有经验的安全经理将始终检查信息。也许他（她）已经收到很多相同或相似的信息，但永远不会知道这些信息的背后是什么。通常，在评估相似性时要小心：信息可能只是表面上相似。但是，如果你“更深入”，你可能会注意到一些对你的体系而言非常不同且非常重要的东西。因此，安全经理应该能够“读懂字里行间的意思”和“跳出框框思考”。为信息处理实施交叉检查①是找到特定信息中“隐藏部分”的明智方法。

一些信息包含的数据对于使用同一类型飞机的所有航空公司或使用同一种反应堆的所有核电站都是重要的。因此，安全经理在这方面也必须积极主动。

但是，信息传播还有其他方面。在这里，我想强调一件非常重要的事情：仅仅传播信息还不够。如果信息被接收并且未被任何人处理或没有得到应有的重视，那么它将是无用的。大多数“组织差错”的发生是因为：

1. 信息是在一般的情境下理解的，而不是根据当地情况进行处理。

2. 也可能发生相反的情况：信息仅在当地情境下理解，因此忽略了系统运行（或不运行）的一般方式。

3. 尚未了解有关质量和安全后果的信息，也没有对其进行任何处理。

4. 该信息与公司对风险（体系）的理解（和管理）无关，因此已被忽略。

情况（4）经常发生：总的来说，如果信息与先前的信息不匹配，或者与先前的风险评估不匹配，公司不愿意处理与自己的业务方式相悖的信息。

在R. Westrum题为《组织文化的类型学》（*A typology of organizational cultures*）的文章中，对公司处理收集到的信息的方式进行了精彩的解释②。尽管它涉及医疗保健，但它完全适用于所有其他行业。

第一类是病态型组织。这些组织是由管理者的权力挫败驱动的。员工之间的合作程度很低，责任被转嫁到其他人身上，通常其他人会因别人的失误而受到惩罚，信息是隐藏的（特别是不好的信息！），结构牢固，不能被打破（严格遵循“命令链”），从一开始就消除了每一个进步的改进步骤。

第二类是官僚型组织，大多数监管机构都是这样。在此工作的人员（尤其

---

① 两个或更多人验证他人（在彼此之间）完成的任务（工作）。

② 2008年3月发表在《BMJ质量与安全》医学期刊上。

是管理者）对组织的了解有限，并且严格遵守规则。员工之间的合作程度低，经常忽略或遗忘信息传播，强烈提倡责任（如果这不是我的责任，就不会发生！），失败将受到法律制裁。即使是向管理者报告每一个进步的改进步骤也会很困难。

第三类是生机型组织。这些组织具有很高的合作水平，欢迎和鼓励信息传播，每个人报告和共享风险，"命令链"是形式上的，可以根据情况绕过，对失败和错误进行调查，并对每一个改进步骤都给予应有的重视。生机型组织具有很高的理论性，因为在现实世界中（尤其是在业务环境中）它们并不多。但是它们适用于团体运动。教练们总是在寻找优秀的球员，他们会毫不犹豫地付给他们一大笔钱。在这样的公司中，员工的工作积极性很高，并认为加入这样的组织是一种特权。

无论在哪家公司工作，所有员工都必须接受每项操作和系统程序的培训。有程序而没有为其提供相当的合适培训是一个很大的缺陷。培训必须是彻底的，并且必须基于对什么是正确的和什么可能是错误的理解。这可以通过解释"好"和"坏"的结果来实现。培训还应包括备份和应急计划。它可以由质量经理或安全经理（在公司内部）进行，也可以由外部承包商（销售设备的公司、培训机构等）进行。认证（如果不是法规要求）并不重要，但是员工对正在发生的事情的正确理解至关重要。在任何形式的培训中，安全经理的作用都非常重要。他（她）需要向员工保证，这不是普通的培训，而是能让他们受益的培训。

3.11 安全经理

我强烈建议航空业的所有人都寻求一名好的安全经理。好的安全经理是一个在航空安全各个方面都必须出色的人。安全经理就像体育经理一样：他（她）在优秀与优良之间有所不同！

当你寻找安全经理时，请寻找安全管理体系方面的专家[①]！该人无须了解有关飞机或飞行员的详细信息，但必须非常熟悉国际民航组织9859号文件和国际民航组织附件19。此外，他必须熟悉所有安全工具和方法（危险源辨识，功能危险评估，故障树分析，事件树分析，故障模式和影响分析，故障模式、影响及危险性分析等）。他（她）的职责包括建立、实施、保持和控制安全管理体系。好的安全经理会在公司内部建立良好的安全规范！

即使是最好的安全管理体系也无法与糟糕的安全经理合作！除了他（她）的第一项工作将是实施安全管理体系（如果尚未实施！）这一事实外，他（她）还需要了解安全工具和方法的情境。系统程序将由安全经理（或其团队）制定，并且安全经理将决定采用哪种方法以及使用哪些工具。为了做出选择，他（她）将需要熟悉公司和内部流程。如果已经实施了安全管理体系，则安全经理必须进行"差异分析"，以检查安全管理体系是否符合现实和规章要求。即使未实施安全管理体系，差异分析也是必需的。

不要只寻找熟悉航空、核或化工领域的人。好的安全经理知道保持安全环境是通过团队合作完成的，并将建立一个由公司员工组成的团队。他将从团队成员那里学到很多东西，反之亦然：团队将从安全经理那里学到很多关于系统化安全方法的知识。

让我们更彻底地讨论一下这个问题。

飞行员、空中交通管制员、机务人员和其他航空雇员之间的区别在于，他们以不同职位的人员身份覆盖航空系统的不同领域。我之所以使用"航空系统"，是因为这是该行业领域的正确用语：有人、有设备、有程序。这是一个由监管机构要求监管的体系。这些人之间的另一个区别是，他们在工作中会遇到不同的危险。这些危险会产生不同的风险。因此，（这些人中的）每个人都熟悉与其工作领域相关的危险和风险。这意味着让飞行员（在航空公司中）担任安全经理不能充分了解与客舱机组或地面服务有关的危险。但是真正的问题

① 不幸的是，目前航空中没有六西格玛。

是：他（她）是否必须了解这些危险？答案：是的，他（她）必须知道所有危险。但是，安全经理将通过阅读可识别所有这些危险的文件来收集有关危险的知识，并执行适当的计算以表示风险。飞行员（或维修单位的机务人员）将不包括在危险识别中，因为必须在安全管理体系实施和风险评估的一开始就进行危险识别。此外，值得一提的是，每个具有特定安全知识的人都可以成为安全经理。正如我之前提到的，只有飞行员（或机务人员）才能成为安全经理的观点是不可持续的。即使安全经理是飞行员或欧洲航空安全局审定的机务人员，他（她）的主要工作还是安全管理体系的工作。该人员将与程序和人员打交道，而不是与设备打交道，因此完全不需要飞行技术或工程技术！

安全经理应该给公司带来巨大的变化！他（她）必须改变公司的文化和对流程的总体态度，并在其中引入安全。安全经理必须有能力先向管理者和员工保证所做的改变是为所有人着想的［不仅是民用航空局（CAA）和乘客］。安全经理应激励管理者和员工全身心投入，为系统的运行做出重大贡献。如果他（她）坚持事实并且具有说服力，则可以做到。对于安全经理而言，拥有变更管理的丰富知识比拥有航空经验更有价值。

3.12 安全手册

安全手册是非常重要的文件。这实际上是监督活动期间提供给监管机构的第一份文件，因此它是公开文件。作为公开文件，它可以用于商业目的。

该文件需要说明公司如何处理安全问题。通常，关于质量手册中适用于安全的说明也适用于本手册。话虽如此，在此我不会详细介绍安全手册。

4 质量与安全的自然联系

4.1 引言

航空质量管理活动的悠久历史包括使用质量控制（QC）和质量评估（QA）。不幸的是，这种老式方法至今仍在使用。尽管其他行业已从质量控制/质量评估转向系统化方法，后来又转向全面质量管理，最终到了六西格码（Six Sigma），但航空业离这些发展还有很长的路要走。

你知道任何实施了六西格码的航空公司吗？

据我所知，加拿大只有两家这样的公司。也许美国有一些飞机和零部件制造商，但我无法证实这一点。2014 年，我在领英（LinkedIn）平台上发布了航空安全网小组有关航空领域六西格码的讨论，整个讨论非常令人失望。我们必须承认，航空业是“精英”行业，因此是“封闭的环境”。我注意到，航空专家不愿意“睁开眼睛”了解其他行业的做法，也不愿意分析（和批评）实施的新技术和方案。过去和现在对航空业的理解已经施加了“规章和合格证”，实际上并不允许新的想法进入“航空之家”。

航空缺少的最重要的事情是对体系的正确理解。理论上有很多定义，但是对于当今的现实，体系是人（公众、员工）、设备和程序的集合。也许这与科学解释不符，但在实践中却非常吻合。所有这三个主题必须“和谐”生活（保持平衡）。航空体系就像一个“管弦乐队”，如果“所产生的音乐”内部没有和谐，那将是糟糕的。谁是指挥家？当然是质量经理或安全经理！

质量管理体系（QMS）是世界上最广泛的管理系统之一。但是，就航空而言，质量管理体系对于处理安全非常重要。实际上，这两个系统之间存在自然联系。

通常，在特定的航空过程中，缺乏质量可能会导致安全问题，我将尝试举一些例子来指出这些问题。

4.2　质量与安全的共同点

在互联网上字典关于安全的定义中，我们可以注意到，甚至其中也包括质量。因此，从“定义层面”开始，我们可以注意到这两个特征之间存在自然的联系。有些观点甚至认为质量和安全实际上是人为划分的，从而提出不能分开考虑质量和安全。

质量管理体系和安全管理体系（SMS）之间的连接的一个很好的例子可以在美国陆军总部发行的技术手册TM 5-698-4《C4ISR设施的故障模式、影响和危害性分析》第6-1.a节中找到［涉及对关键故障模式、影响和危害性分析（FMECA）问题的改进］，该文件指出：“典型的建议要求对设计进行更改，例如：使用质量更高的组件、等级更高的组件、冗余设计件或其他补偿。”

也许我们可以进一步，尝试更多地了解这种联系是如何建立起来的：质量差会产生安全问题。在所有高风险行业中，这一点非常明显。

让我们看看不同行业中质量与安全之间的联系。

4.2.1　核工业

核工业中质量与安全之间的关联是显而易见的。在这里，涉及个人安全和社区（总体、环境）安全。个人安全是通过在工作期间人可能受到的辐射水平来表示的。核电站的雇员、放射或核医学的医生和技术人员、正在接受核放射治疗的患者、处理核武器的军事人员或实验室中从事同位素工作的雇员就是这种情况。社区安全是由核电站或核导弹基地发生征候和事故的可能性表示的。这里的每一次征候或事故都可能产生辐射，将长期危害人和环境，并且可能对人和环境造成灾难性的后果。

核工业领域存在的共生（在质量和安全之间）与其他行业不同。如前所述，这里最重要的是安全，因此总的来说，管理系统是基于安全的（实际上是安全管理体系）。在这个安全管理体系中，特殊质量是由质量控制（QC）/质量评估（QA）概念呈现的，因此可以说质量只是添加到安全管理体系中。原因是与建立质量体系有关的所有其他方面[①]都已经通过安全管理体系建立起来了。

同样，安全管理的方法也有所不同，具体取决于反应堆是在西方世界生产还是在其他地方生产的。西方的方法是[②]：

为了获得最佳安全，西方世界的核电站使用“深入防御”的方法运行，其多个安全系统补充了反应堆堆芯的自然特征。该方法的关键方面是：

- 高质量的设计和施工；
- 设备应防止操作干扰或人为故障和错误发展成问题；
- 全面监控和定期测试，以检测设备或操作员的故障；
- 冗余和多样化的系统，控制燃料损坏并防止大量放射性泄漏；
- 将严重的燃料损坏（或任何其他问题）的影响限制在核电站本身。

这些可以总结为：预防、监视和采取措施（以减缓故障的后果）。

正如我们在上面引用的文本中可以注意到的那样，第一点是“高质量的设计和施工”。在核工业中，不允许使用不合适的设计、在材料上妥协和未测试设备。

像所有其他“风险”行业一样，核工业也有许多与安全相关的法规。“裁决”机构是国际原子能机构（IAEA），但也有许多国家机构和其他机构处理核安全的不同方面。

---

① 即领导（最高管理层）奉献、计划（质量控制和风险管理）、支持（资源）、运行（质量评估）、绩效评估（监控）和改进（预防和纠正措施）。

② http://www.world-nuclear.org/info/Safety-and-Security/Safety-of-Plants/Safety-of-Nuclear-Power-Reactors/.

在国际原子能机构《核电站基本安全原则》[1]的文件中，非常重视管理者和领导力的质量，应予以考虑。

在该文件中还明确了以下一般技术原则：

- 经过验证的工程实践；
- 质量保证、自我评估和同行评审；
- 人的因素；
- 安全评估和验证；
- 辐射防护；
- 操作经验和安全研究；
- 卓越运行。

质量当然是其中之一。

在前文中，解释了现有核电站的防御等级，其中最高等级（1 级）是“保守的设计以及高质量的施工和运行”。

此外，该文件在第 3.3.2 节“质量保证”中进一步讨论质量。在本节中写道：“……高质量的设备和人的表现是核电站安全的核心……。”

过去，核工业仅经历了三起重大事故：三里岛、切尔诺贝利和福岛。所有这些差错都是由于对“第一个差错”缺乏准备而引发的人的差错造成的。本书第 1.1 节（引言）的末尾解释了“第一个差错”事件。这就是安全管理体系通常应主动甚至能预测未来差错（第一个差错之后）并主动为一系列中的下一个差错寻求解决方案的原因。

4.2.2 石油业

这个行业的事故大部分是环境事故。大量事故源于油轮在公海倾覆或在岸边沉没。但是，在炼油厂（得克萨斯城，2005 年）或油田（阿尔法钻井平台，

① 75-INSAG-3 第 1 次修订；INSAG-12。国际核安全咨询小组报告；1999 年 10 月。

北海，1988年）也发生过其他事故（爆炸），还造成人员死亡。

最严重的环境灾难之一发生在2010年英国石油公司（BP）的深水地平线现场。事故发生在英国石油公司试图关闭墨西哥湾马孔多（Macondo）油井的地区。那里到底发生了什么？让我们来看看。

高油价使在21世纪头十年中期在深水（和超深水）中进行钻探在技术和经济上都是可行的。由于深水作业的复杂性，与浅水石油钻井相比，建立高产的深水油田非常昂贵。但是从经济上讲，它是有利可图的。这就是在墨西哥湾开设大量钻井平台的原因。马孔多油井位于墨西哥湾路易斯安那州威尼斯港以南83 km处。在海平面以下1 500 m处，该井具有巨大的开采石油潜力。不幸的是，储层中的天然气水平很高，这使得钻井具有挑战性和危险性。英国石油公司从Transocean租用了深水钻井平台。这是一艘勘探船，用于寻找石油。当发现石油时，需要暂时关闭油井，之后再用另一台采油平台恢复。灾难发生在关闭油井的过程中。这并不是一项简单的工作，需要聘用有经验的人来处理。但是，在此过程中，参与决策的大多数人显然对这种特定钻井平台的复杂工作并不那么有经验。

这种井是分几个步骤（部分）进行钻探的。钻探过程包括钻穿海底岩石，安装并加固套管以固定钻孔，然后进行更深的钻探，每次都重复这个过程。当深水地平线的工作人员完成了钻井的最后一段至海平面以下5 550 m以及先前已插入井中的套管下方360 m时，他们需要准备一个套管来固定最后一段。有两种固定方法，他们做出了错误选择。模拟表明，尽管所选择的方法风险很大，但经济利益占了上风。虽然进行了其他模拟，但其结果被忽略了。模拟显示，他们需要21个扶正器将管道固定在中心，但他们仅使用了6个。这是第一个错误。

他们从固井（扶正器）开始，但没有遵循该程序：他们仅循环泥浆30分钟。此项工作的建议时间范围为6到12个小时。下一个错误是泵入后没有检查孔中填充的水泥的完整性[①]。需要做这项检查的人员在场，但他们被告知“不

① 该测试称为水泥胶结测井。

需要他们的服务”。经济利益再次压倒了程序。

最后两个测试已执行，但时间不对。Halliburton实验室测试表明，水泥泡沫部分产生足够强度所需的时间为48小时。英国石油公司员工在10.5小时后开始了测试。第一个测试（正压测试）没问题，但第二个测试（负压测试）开始出现问题。当操作人员将管道降至井中时，管道内的压力并没有保持稳定，而是在增加。但是他们认为测试一切正常，他们认为异常是由于读数错误所致。他们继续进行关闭油井的活动。

那天晚上，深水地平线钻井平台发生了巨大爆炸。11人死亡，17人受伤。这次泄漏使英国石油公司的市值损失了910亿美元。我就不再详细介绍从孔中泄漏出的石油量以及对环境造成的污染范围了。

关于这场灾难，Lowellyne James（英国阿伯丁商学院讲师）表示①，缺乏质量文化导致了6个严重的质量管理失误……这些失误造成了惨重的生命损失和毁灭性的环境灾难……安全不是问题所在而是缺乏对质量管理及其对经济、社会和环境三重底线的影响的理解。

该文还指出了主要的质量缺陷：

1. 不正确的零件：从供应商处收到时，钻探作业中使用的扶正器关键设备不符合规格。

2. 违反现有油井设计：作业中使用的扶正器太少（6个而不是21个），这是被成本降低牺牲质量的误导引起的。

3. 没有产品验证：从供应商Halliburton收到后，未对水泥泡沫进行进货检验测试。

4. 供应商管理不善：Halliburton供应的水泥未通过内部测试。建立互惠的供应商关系的基础离不开全面质量管理和质量管理标准（如ISO 9001）。正如事件所显示的那样，英国石油公司与他们的供应链Transocean和Halliburton的关

---

① “英国石油公司深水地平线：质量问题还是安全问题?”《可持续性和企业社会责任洞察》（博客），2012年10月21日。该文章由John Wiley & Sons发布，来自以下网站：http://ow.ly/nQVjf（区分大小写）。

系充其量只能被形容为争斗。

5. 过程管理差：平台的工作计划中未包含负压测试（没有进行负压测试的程序）。

6. 无变更管理程序：负压测试在第 11 小时添加到工作计划中。这种混乱导致在 3 次负压测试均未通过的情况下，接受了 1 次通过的测试结果，这一决定主宰了深水地平线号机组的命运。

这 6 个质量缺陷导致了灾难性的生命损失，我们只能估算环境灾难的代价——安全后果。

关于此灾难的最重要方面之一是英国石油公司的质量管理体系很糟糕。诸如关井之类的重要事项缺少程序。日常工作中出现了很多随意性和准专业知识，而不是经过适当设计的程序。即使他们进行了测试（测量），也没有关于结果的信息，如果结果不符合预期，将会发生什么（缺少应急计划！）。

有趣的第二个重要方面是决策者对模拟的可靠性提出了质疑。因此可能会出现一个问题：如果不确定模拟的可靠性，为什么要进行模拟？但是真正的问题是：如果模拟效果很好，他们会质疑可靠性吗？我不信！这实际上是人类的道歉天性的一部分：当我们喜欢结果时，一切都很好；而当我们不喜欢结果时，那就是其他事情的错了！他们可能怀疑模拟的可靠性，但没有做任何事情来澄清问题！

第三个重要方面是，在深水地平线上有 11 家公司同时参与了有关马孔多关井的活动，并且他们在关井的各个方面都负有不同的责任。当然主要是英国石油公司，他负责管理和协调不同的信息和决策。

第四个重要方面是，尽管该过程非常复杂——但他们对井下方的情况没有任何可靠的控制。有了如此先进的技术，他们却只是在猜测。

第五个重要方面是该领域的监管机构——矿产管理局（MMS，负责对钻井活动的监督）没有注意到该钻井平台缺少程序和质量文化。记录表明，英国石油公司过去在安全方面存在许多缺陷。他们甚至在 12 个月内就发生了两次事故。其中之一是 2005 年 3 月在得克萨斯城炼油厂发生的爆炸，当时有 15 人死亡、180人受伤。请记住，矿产管理局关注检查的数量而不是关注检查的质量。因此，与此事故有关的还有监管缺陷。

这场灾难是质量失效如何产生安全和环境后果的一个很好的例子。考虑到它发生在一家在这一领域有传统和经验的公司身上，这场灾难显得尤为重要：英国石油公司是石油行业的知名品牌！这是一个典型的灾难，是由于在该领域拥有多年经验和专业知识的员工过度自信和不专业所造成的。这是在事故发生很久之前做出的错误决策的典型人为错误。

当过度自信变成傲慢自大时，多年来积累的知识、技能和审慎就变成无知。这实际上是人类可能发生的最糟糕的情况：由于高估了自己的知识和经验而导致的疏忽。

英国石油公司员工（在深水地平线上）对情况过于自信，即使他们不知道发生了什么。奇怪的是，英国石油公司的员工怎么会忽视工作所需的专业精神，忘记质量，只追求经济利益和省钱呢。先前解释的这场灾难中的前4个“错误行为”，除了用不专业，无法用任何词来形容。

与这场灾难相关的是，Mustafa Ghaleiw在2013年9月发表在《质量进步》[①]杂志上的一篇名为“安全与质量”的精彩文章中，谈到了石油和石油行业中质量与安全的相互作用。我不认为该行业的质量与安全之间的关系与航空或核工业不同，因此让我们从这篇文章中引用一些重要的观点。

> 如果不能有效地管理关键活动和任务以达到特定质量标准的预期结果，会发生什么？如果识别的安全关键元素（SCE）生产并安装在质量标准差的资产中，则组织能预防、控制和减缓风险吗？如果在项目交付阶段不能有效地管理质量，组织能降低对运营人和公众的风险吗？

① http://www.qualityprogress.com.

我将这些问题的答案留给读者。在这篇文章的第 3 页Ghaleiw指出："安全是石油和天然气工厂系统和子系统的质量特征。"

航空业有很大不同吗？在核工业或化工业中是否有很大不同？我对此表示怀疑。所有行业都一样！

Ghaleiw还将质量管理体系和安全管理体系整合在一起，作为一个集成的"有效管理体系"，如图 4.1 所示，说明了质量与安全活动之间的关系。

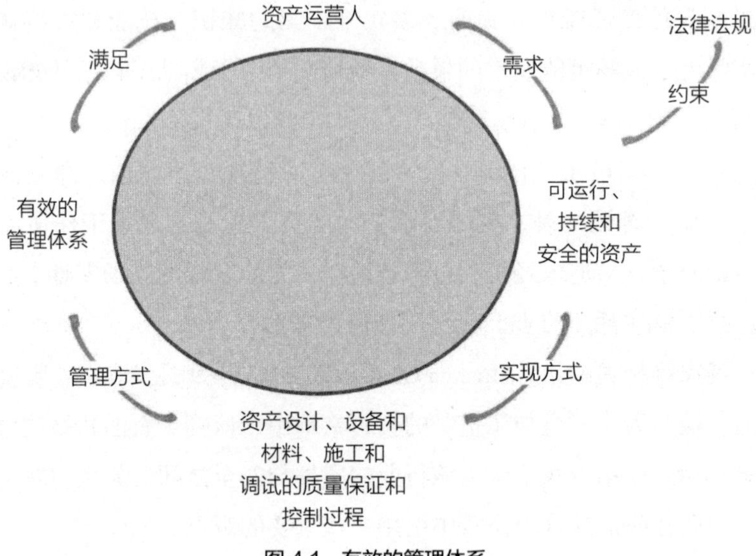

图 4.1　有效的管理体系

4.2.3　航空业

航空是一种特殊的人员或货物运输方式。因其使用的介质和运输速度，它与公路、铁路或水路交通完全不同。商用飞机以 700 km/h到 900 km/h的速度飞行，以这种速度对人和设备造成碰撞或坠毁的后果是灾难性的。这就是航空业建立了一个相比于其他运输方式提供的安全记录更为出色的系统的原因。但是在这里需要强调的是，我们所说的是"功能安全"，即与航空系统功能相关的安全[1]。它比“系统安全”(与设备更相关)更具组织性和整体性。建立的系统是基于人、程序和设备的，因此它是具有严格规则的典型管理系统。通常，不遵守系统规则为征候或事故“铺平道路”。

从前面的解释中可以注意到，提高安全的第一步就是提高质量。而且，这始终是通往安全环境的途径，不仅仅是航空领域。

将保持安全视为一种不允许形成可能危害飞机飞行的事件链的工具，我们可以注意到，所提供的优质服务和所维护的产品可以用作最佳防御措施。这是全世界航空界公认的事实。

国际民航组织 9859 号文件也提到安全管理体系和质量管理体系有许多共同点。它们都必须进行计划和管理；都依赖于管理绩效的测量和监控；都涉及组织中的每个功能、过程和人员；它们必须是有效和高效的；都在努力不断改进。此外，两个体系都使用相同的工具和方法［故障树分析（FTA），事件树分析（ETA），故障模式和影响分析（FMEA），故障模式、影响和危害性分析（FMECA）等］来评估过程的质量和安全。

大约 30 年前，制造飞机以及所有其他电子和机械设备的航空业已经接受质量标准（ISO 9001），这是提高产品可靠性非常重要的工具。后来，该标准演变为AS 9100，成为航空航天业的质量管理体系标准。实施安全管理体系的需求为其产品增加了价值。航空法规要求实施质量管理体系和安全管理体系，尤其是在空中交通管理/通信、导航、监视领域。国际民航组织在其附件和文件中已经提到了这一点。欧盟已在欧盟法规 550/2004（“在单一欧洲天空中提供空中航行系统”）中严格提到了这一点。在美国联邦航空局（FAA）一些专门针对安全的文件（《FAA系统安全手册》和《FAA安全管理体系手册》）中，明确说明了实施安全的规则。甚至质量保证过程也是安全活动的一部分。

如《FAA系统安全手册》（第 5—26 页）所述：

---

① 我遇到了许多航空专业人员，他们将航空安全理解为“系统安全”。是的，我同意：他们都是工程师！

系统安全和质量保证（QA）之间的紧密合作以多种方式使这两种功能均受益。质量保证应在其政策和程序中纳入识别和控制系统整个生命周期中关键项目的方法。安全功能标记安全关键项目和程序。那么，质量保证可以通过制造、验收测试、运输和维护来跟踪安全关键项目。然后，新的或控制不充分的危险将引起安全工程师注意。

在这里可以注意到，即使美国联邦航空局对质量也有过时的看法（使用术语“质量保证”）。实际上，他们主要致力于仅与质量控制/质量评估概念相关联的安全管理体系（类似于核工业）。然而，航空质量不能被安全管理体系“掩盖”。

4.2.4 医药业

医药业是质量与安全之间自然联系最为明显的例子。它们也是服务部门质量与安全之间联系的极好例子。我再也找不到比医药领域缺乏质量更能危及安全的例子。没有什么比提供的医疗服务质量更能影响安全了。但是，这种危险因人而异[①]，因为它仅与个别患者有关。如果制药公司对特定药物中化学成分的数量有误，那么它将成为一个普遍问题。少量的毒药是药品，大量的药品就是毒药。因此，药品与毒药之间的边界很薄，错误容易穿过该边界。

质量和安全之间的联系已得到国际认可，因此可以找到法规文件强调这一点。

世界卫生组织（WHO）要求医疗领域的决策者提高质量[②]，理解他们有这样做的战略责任。世界卫生组织确定了两个维度：处理组织在提供卫生保健过程中的质量以及处理与患者安全活动有关的质量。在组织中处理质量意味着将

① 例外情况包括疫苗接种、疫情和流行病等威胁公众的情况。
② 《治疗质量》世界卫生组织，2006 年。

质量管理体系作为处理质量的最佳方法。处理患者的安全意味着提高诊断（设备和实验室）、治疗和药物的质量，因为这三个过程都可能危及患者的安全。

尽管患者安全只是提高医疗质量的一个方面，但它已被视为医生的核心能力之一。应该有一个关于如何完成工作（治愈患者）的程序，但是有必要基于实践自身数据产生的证据进行差异分析。关于医疗质量的最重要方面之一，是已知的最佳医疗实践（文件化的程序）与医疗实际（患者因素之外）之间的差异。我们在这里还应该提到差异分析不是医药业的一部分。差异分析是在所有行业中每次实施质量管理体系或安全管理体系的第一步。

医药业的安全涉及避免因旨在帮助患者的治疗而对患者造成伤害。案例包括从错误的临床程序（系统的问题）或决策（个别医生的问题）导致的伤害直至药物的不良影响，医疗器械、不合格产品的错误使用以及人或系统错误造成的危险。这些事件可能发生在医院组织、初级保健活动、疗养院、药房、患者之家以及临床试验中。

在医学中，安全是管理体系的特定要求，由于组件、子系统、设备（硬件和软件）的质量与组织、环境和人的相互作用，安全很快变得显而易见。

在医学中，对患者安全的衡量可以通过澳大利亚事故报告[①]来表示：

> 在医疗事故监测系统中，药物事故是仅次于摔倒的第二大事故类别。澳大利亚的研究报告称，有2%~5%的药物图表包含处方错误，5%~18%的药物使用有误（药物错误、患者错误、方法错误、剂量错误或时间错误）。高达70%的静脉注射药物存在一个或多个临床错误，而给药是患者误诊事件中引用的最常见程序。每使用133剂麻醉药，就会发生一次用药错误。通过采用安全的系统和安全的用药习惯，可以避免许多用药错误。

---

① “标准4：医疗安全”；国家卫生服务安全和质量标准（NSQHS）；澳大利亚，2012年10月。

我们可以注意到，这不仅涉及医学，而且涉及与治疗相关的制药行业。制药行业的质量被定义为适合使用，即使制药公司负责测试，还是由医生决定患者何时以及如何使用处方药。

美国食品药物监督管理局（The US Food and Drug Administration）于 2009 年 4 月发布了《行业指南：Q10 制药质量体系》（*Guidance for Industry: Q10 Pharmaceutical Quality System*），该文件定期更新，指出：

> ……国际统一指南旨在通过描述制药业有效的质量管理体系模型（称为制药质量体系）来帮助制药商。在本指南中，术语“制药质量体系”是指国际人用药品注册技术协调会（ICH）Q10 模型[①]。

2012 年 9 月在澳大利亚发布了题为“国家卫生服务安全和质量标准”的文件。该文件中有 10 个标准，在未来的医疗领域必须遵循。在 2012 年提交给 Kim Hames博士（澳大利亚卫生部部长）的信中，W.J. Beerworth［澳大利亚卫生保健安全与质量委员会（ACSQHC）主席］写道：

> 委员会在广泛征求公众和利益相关方的意见后制定了标准。这些标准是澳大利亚卫生部部长于 2010 年 11 月批准的澳大利亚卫生服务安全与质量认证计划的重要组成部分。
>
> 这些标准为各种医疗服务提供了一套全国一致和统一的安全和质量措施。他们提出了基于证据的改善策略，以解决影响大量患者的当前和最佳实践结果之间的差异。

尽管这是在澳大利亚提供医疗服务的重要一步，但它强调了质量和安全之

① ICH Q10 是用于在制药行业中实施质量管理体系的模型，它基于有关质量概念的ISO文件（质量管理体系的实施）。

间的相互作用，并将其合并为一个标准。

在标准 4（医疗安全）中，有一些不可避免的事情导致这种联系。第一个是故障模式和影响分析（FMEA）的使用。FMEA用于安全和质量分析（ISO/TS 16949 要求），服务（或药物）质量下降将导致患者安全问题。FMEA在美国也用于医疗。美国联合委员会（认可医院的机构）要求医院对其内部过程进行至少一项风险评估，强烈建议使用FMEA。美国退伍军人事务部（The US Department of Veterans Affairs）甚至制作了自己的FMEA版本，称为“医疗故障模式和影响分析（HFMEA）”。在英国，卫生基金会的“更安全的患者倡议”也使用FMEA。

其次，第 4.5 节明确指出，需要采取的行动之一是“开展质量改进活动以提高药物使用的安全”。该节有两个小节：

4.5.1 定期评估药物管理系统的绩效。

4.5.2 开展质量改进活动以减少患者受到伤害的风险并提高所用药物的质量和有效性。

改进需要基于实践自身数据产生的证据，这与航空领域相同。在航空[①]中，必须通过安全文化理念来实现可引发改进的信息，在这种理念中，鼓励员工报告任何可能危害安全的问题。

如果我们进一步阅读有关该标准的文字，我们会注意到所实施的活动与其他行业的公司中的质量活动相同。这实际上表明，不同行业对质量的要求之间没有区别，即与行业类型无关。

4.2.5 食品业

质量和安全在食品工业中高度相关。我们可以相信食物的质量吗？它安全吗？

① 参见本书第 3.4 节。

有两个主要的食品安全组织：联合国粮食及农业组织（FAO）和世界卫生组织（WHO）。粮农组织负责粮食生产，而世界卫生组织负责粮食在人类健康中的“应用”。食品安全的基础是在原材料的存储和加工、产品的质量、生产过程、包装、存储以及交付给消费者方面保持适当的卫生。当然，所有这些也适用于顾客在购买食物之后。

食品应该滋养人们，而不是使他们生病或伤害他们，这是食品安全的道德方面。另一个方面是营销。我相信，如果有任何信息表明一家餐馆或某种食品引起了疾病，那么没人会去这家餐馆或在市场购买这种食物。因此，如果餐馆和食品工厂不提供安全食品，它们可能会破产。第三方面是：食品安全是强制性的。所有食品供应商都有法律义务提供安全食品。罚款将导致关闭不符合食品质量和安全标准的供应商。

在食品工业中，可靠性（作为食品的质量规范）非常重要：即使将食品在冰箱中放置几天也应保持安全。因此，必须以允许在生产后几天（几周、几个月……）消费的方式进行处理。在这方面，有一种被称为危害分析和关键控制点（HACCP）的食品标准。根据美国食品药品监督管理局的定义，HACCP是一种管理系统，通过分析和控制从原材料生产、采购、处理到生产、分销和最终产品消费的生物、化学和物理危害来解决食品安全问题。对关键点的控制适用于食品生产过程中可能会受到化学物质或细菌污染的各个方面。实际上，这是HACCP要求进行危险分析的第一步，即在过程开始时识别出这些关键点。

食品行业实际上拥有第一个集成的质量管理体系和安全管理体系。该标准为ISO 22000，名为“食品安全管理体系”，是通用标准，其最新版本于2005年发布。实际上，这是ISO七个标准系列中唯一涉及食品生产、存储（换言之“从农场到餐桌”）质量和安全的标准。它们中的一些仅仅是技术规范，但是ISO标准的重要一点是它们是统一的并且可以在全世界使用。

4.2.6 海运业

海运业是运输领域中另一个拥有相当安全记录的行业。船舶既用于专业用途，也用于娱乐。船舶的专业用途，在于运输货物、原材料和人（仅作为假日旅行的一部分）。人员运输仍然只能在短距离上可用，大多数情况下是使用渡船在大陆和岛屿之间运送汽车和人。

过去，天气是一个大问题，但如今的技术能够生产配备各种设备的船舶，从而使该船适合在各种天气下航行。事故的发生主要是由于船龄和不定期维护造成的。

国际海事组织（IMO）是主要的监管机构，所有标准均由其制定。国际海事组织在其文件中列出了 11 种不同船舶的标准。国际海事组织安全基于海上船舶的全面质量管理（TQM）。它假设重点放在船舶制造、船舶维护、地图完整性和人员导航上。此外，还需要进行综合安全评估（FSA）[①]，这被解释为“一种合理而系统的过程，用于评价与运输活动相关的风险，并评估国际海事组织降低这些风险的各种选择的成本和效益”。

综合安全评估包含五个步骤：

1. 危险识别；
2. 风险评估；
3. 风险控制方案；
4. 成本–效益分析（CBA）；
5. 决策建议。

如果我们分析所有五个步骤，我们会注意到在最后两个步骤中存在“经济”妥协。成本–效益分析和决策建议根本不是安全管理的一部分。国际航空运输协会（IATA）在航空业也做出了类似的妥协。

美国船运局在 2002 年 7 月发布了标题为“海洋安全、质量和环境管理指

---

① http://www.imo.org/en/OurWork/Safety/SafetyTopics/Pages/FormalSafetyAssessment.aspx.

南”的精品文件。在这个文件中，安全和环境保护紧密相关，并且实际上已整合到质量中。在2013年以后的版本中，只添加了能源管理。

4.3 质量与安全的差异

质量是世界经济的重要组成部分。如果没有提供特定级别的质量，则不能销售产品或服务。当然，即使是同一类型产品的质量水平也不同，但是质量更好的产品（或服务）将获得更好的价格，因此质量是利润的一部分。当然，相反的情况也适用：如果产品或服务未提供与销售价格相应的特定级别的质量，则公司可能破产。通常，质量较高的产品（或服务）比质量较低的产品（或服务）价值更高。因此，保持高生产率并保持（甚至提高）质量是当今经济中最重要的事情。

公司内部通常会试图平衡质量与数量之间的焦虑，这是一个微妙但必要的挑战。管理者和学者都认可这一点，因此存在一种被称为“精益六西格玛”的方法，它融合了有关质量（六西格玛）和生产（精益管理）的最佳方法。

但这也适用于安全。如果对产品或服务的安全有疑问，则不会有人购买。

在这里，我想举一个汽车行业的例子。尽管丰田汽车保持了出色的质量记录，但他们忽略了质量的安全后果。问题是未在其汽车上执行安全程序而导致的，因为他们相信卓越的品质会提供安全。但是事情并没有按计划进行。在2009年和2010年，丰田在全球范围内召回了大约900万辆丰田和雷克萨斯汽车。最初被认为是踏板卡住和地板垫问题，接着是油门踏板问题。之所以发生这种情况，是因为丰田公司的管理专注于质量而完全忽略了安全。一切都建造得很好，但他们忘记了质量控制/质量评估不会调查征候和事故，在安全绩效方面还需要考虑其他因素。他们忘记了质量错误可能会带来安全后果的事实，但是如果不应用风险管理，即使是高质量也可能产生安全后果。

安全管理体系侧重于安全、人和组织管理因素，并将风险管理用于安全的定性和定量评估。风险管理最初是从保险和银行领域中延伸并在核工业中实施的，后来发现其在医疗、制药、化工和石化等其他行业中也占有一席之地。很自然，它也在航空领域找到了自己的位置。

但是，正如我们可以看到的那样，获得良好的质量不足以提供安全。粗略地说，质量处理缺陷，安全处理危险。有时缺陷会产生危险，但不一定。

质量管理体系在安全保证方面缺少有关产品或服务如何危害安全的更多信息。质量管理体系中缺少的是风险管理，这也是安全管理体系的一部分。风险管理是建立安全管理体系的最重要支柱。安全管理体系采取的大多数措施都与风险管理有关。

安全管理体系本身是建立在不同的需求之上的：

- 需要有足够的数据来识别危险。
- 它使我们需要采用适当的方法来收集高质量的数据。
- 需要分析危险并量化风险（概率和严重性）。
- 需要评估存在风险的服务。
- 需要有消除或减缓风险的方法。
- 需要交换安全信息和经验教训。
- 最重要的是，需要有一个管理系统和公司最高管理层的明确支持，以实施所有这些方面。

如前所述，质量管理体系和安全管理体系之间的主要区别在于风险管理。情况不再如此：新的ISO 9001：2015 引入了质量管理体系中的风险管理要求。

另一个区别是需要传播安全信息。航空作为一种国际运输方式，在这种运输的各个方面都共享安全信息。质量管理体系仅限于一家公司的边界，系统中的所有改进都不为对手所知。不共享有关其质量体系的信息可以防止其他公司复制其质量体系并将低价产品投放市场。

安全管理体系是一个广泛开放的系统，共享安全信息是法律义务。共享安全信息对所有行业都很重要。安全生产、运营和运输是共同利益，所有公司都意识到这一点。因此，对于这些行业的公司而言，就安全活动、程序、实践和绩效评测进行信息交换至关重要。

另一个区别是，质量管理体系不能像安全管理体系那样主动。质量管理体系测量本地绩效，以确保一切均按计划进行。安全管理体系出于相同的目的执行测量，但是系统本身结合了国际安全相关数据的统计分析，旨在预测危险情况的未来发展并防止其成为事故。此外，在安全管理体系中必须制定应急计划和应急程序。另外，质量具有主动的组成部分，但是与安全管理体系关联的主动方面更倾向于预测性。

5 安全－Ⅱ

5.1 安全－Ⅰ的不足

在安全－Ⅰ中（尤其是在航空领域）实施的是“事故理论”，它应用了“事件序列”（SoE）方法。它把事故定义为在实际事故之前发生的一系列连续事件。因此，如果我们为事件设置一些障碍并阻止不安全事件发生，那么就不会建立顺序（“事件链”），并且事故也不会发生（将被预防）。这是一个线性模型，可用于多种方法来计算风险。

但是随着技术的发展，我们的系统变得越来越复杂，并且由于这种复杂性，线性模型也有缺陷。

首先，新理论认为顺序的线性假设不再适用。线性仅适用于因果有直接和简单关系的简单模型。线性模型最适用于设备故障。设备会针对每个故障做出可预测的行为，但是对于人（员工）和组织（人建立的）而言，情况并非如此。他们的行为包括“过去的事件”，人员状态的“历史”（压力、轮班、幸福、烦恼等）和组织（政策、商业模式、当前的市场状况、总体文化、经济状况等）。另外，线性模型具有可预测的行为，从而成为一种常规。但是，如果发生一些奇怪的事情，那么这种常规将被打破，并会出现严重情况。在这种情况下，随后的事件中错误遵循指数（而不是线性）概率（请参见本书的第 1.2 节）。在处理人为差错和组织差错（在关键条件下做出的选择）时，“事件顺序”的线性（大多数学者认为）不起作用。

其次，如果在复杂系统上使用，作为线性“事件顺序”概念的根原因分析（RCA）不能提供良好的结果，因为系统内部组件与系统外部环境之间的交互非常复杂。我也赞成这一点，但在过去，根原因分析对安全管理的贡献是巨大的。发生了事故，相关调查仍在进行中，该怎么办？根原因分析是质量管理体系（QMS）和安全管理体系（SMS）中使用的工具，并且已经证明是成功的。不要忘记，每次调查都使用了根原因分析。从征候和事故中吸取的教训改善了许多行业的整体安全。根原因分析将始终指向征候或事故的根源，但不会解决根源的原因，即组织或人员。

如果在我开车时刹车失灵而撞车，则事故的根源是刹车失灵。但是我可以更深入地了解刹车失灵的原因。可能是维护不善、之前曾发生过而被我忽略的事情等。因此，进一步来说，我需要知道何时停止使用根原因分析，因为此时再寻找根原因已不再实用或者没有任何实际意义。

通常，我们的生活是“因果关系的”：发生在我们身上的事情总是有原因的，这种因果关系并不取决于观察者或事件。在寻找“错误的事”的原因时，我们正在吸取一些教训，以防止下次发生相同的错误事件。

根据“事件顺序”理论，征候与事故之间存在联系。实际上，征候是指及时制止的事故，因此未建立“事件链”。还有其他事件：不安全事件和不安全行为。不安全事件是指即将变成危险事件，但什么也没发生的情况（仍然可以正常运行）。不安全行为是故意或非故意的行为，它们会增加征候或事故发生的可能性，但这只是导致不良后果的条件之一。一些不安全行为可能会使情况发展成不安全事件，而一些不安全事件可能会导致情况形成征候的“事件链”。如果征候没有制止，将导致事故。

称为冰山模型的图（图 5.1）将这些事件与数字联系起来。冰山模型预测，在每次事故发生之前，平均有 10 起征候、30 起不安全事件和 600 次不安全行为的可能性。

如今，冰山模型只是一个神话，因为进一步的研究表明，征候和事故之间存在更复杂的关系，而冰山模型所表达的数字并不符合实际。它们实际上与系统类型有关：更安全的系统产生的征候和事故更少，并且它们之间的相关性不是线性的。这对于核工业和所有类型的运输尤其有效。

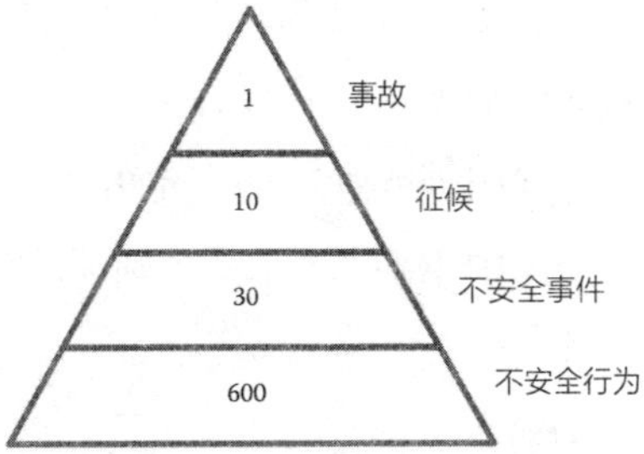

图 5.1 冰山模型

但是，让我们看一下现实：有关航空事故和死亡的数据（第 3.8 节）显示，在航空中实施SMS后，事故率和死亡人数有了显著改善。而实施的SMS是基于“事件顺序”理论的。同样，发生许多征候的公司无疑被认为是组织不良的公司。这些是“风险大”的公司，因为内部的每起征候都会增大员工的压力，从而增加发生事故的可能性。

因此，“事件顺序”理论在提高安全方面被证明是成功的，但是要进一步发展，我们需要做其他事情。

安全－Ⅱ从我们处理正常运行的系统的角度出发。它适用于所有行业，因为我们会努力确保所有系统均“正常运行”。“正常运行”没有明确定义，并且主要由公司管理层确定。牢记一点，我们实际上是在处理“正确的事”，而不是“错误的事”。因此，搜索“错误的事”应该从清楚理解“正确的事”开始。有时会发生系统运行错误，即使过去很多次都正确。发生这些事情并不是因为存在某种不利因素，而是因为日常性能可变性有时会跨越“正确的事”和“错误的事”之间的界限。这是安全调查的一个非常有用的方面，尤其是当我们无法找到“错误的事”的具体原因时。

问题是：为什么我们不能将日常可变性视为原因？老实说我不知道。系统的每个故障都将导致系统的可变性，而这种可变性将成为“错误的事”的原因！如果日常可变性使我们陷入“坏事”，那么原因就在于系统可变性的错误设计或日常活动的错误管理。

以下是安全－Ⅱ的解释：按照安全－Ⅱ，有些系统是如此复杂，以至于我们无法始终跟踪内部的活动和操作。这些系统被称为难处理的系统，对于这些系统，设计不能满足安全的所有要求。在设计过程中，我们无法预测此类系统中的各种可变性，尤其是那些因外部影响而产生的可变性。因此，总会遗漏或无法预测某些内容，如果操作中出现“错误”，则无法轻易确定原因。

5.2 安全－Ⅱ背后的理论

2014年，我在领英群组上开始讨论与航空业六西格码（Six Sigma）有关的“航空安全网络”。讨论的目的是指出质量管理经历了巨大的发展，而安全管理仍坚持其基本原则。其中一位讨论者提到了“安全－Ⅰ和安全－Ⅱ”，这对我来说是完全未知的。我开始在互联网上进行研究，并找到了Erik Hollnagel教授的名字和他的书《安全－Ⅰ和安全－Ⅱ》，然后我进行了阅读。

他的理论的基本解释是：“如何通过观察‘正确的事’而不是‘错误的事’来确保安全。”在他的书中，他将当前安全称为安全－Ⅰ，将未来的安全称为安全－Ⅱ，主要观点是，当将主题从“错误的事”更改为“正确的事”时，有必要更改安全的定义。因此，安全－Ⅰ的定义是我们的生活没有发生征候和事故，而安全－Ⅱ则是在正常运行过程中运行条件可变性下成功的能力，使正常操作输出的数量尽可能地高。

安全－Ⅱ不是从发生故障的角度考虑整体安全。它指出征候和事故是由于系统正常运行的可变性而引起的。当系统中的特定可变性以错误的方式对齐（彼此叠加）时，则可能发生征候或事故。这意味着“错误的事”发生没有特别的原因，而是由于系统没有监控。对于安全－Ⅱ，因果关系不是来自“错误行为”，而是来自正常工作中的可变性。

每个系统在功能上都有限制。在正常运行期间不应超过这些限制，并且应通过了解系统中特定参数组合的输出来确定限制。为了更好地了解复杂系统，我们将它们分为几个部分，并研究这些部分的功能。这些部分之间相互作用，并作为定义系统正常功能的参数。这些参数决定了系统的限制，这些参数也容易变化。它们的可变性和相互作用不得产生超出系统正常运行限制的情况。为了满足不超过限制的要求，我们应该谨慎设计这些参数，以使其正常功能不超过整个系统的限制。但是设计并非总是可以产生这样的结果。因此，这意味着我们需要一直监视系统的参数，以了解设计是否良好。如果对系统进行持续监控，我们会注意到参数的可变性何时可能超过限制。我们将调查哪个参数触发了“超出限制”事件，并将制订应急计划以阻止产生不期望的事件。

通过更改定义，我们还更改了安全的情境。现在，我们并不是在寻找会发生什么坏事。相反，我们尽可能地寻找正确的一切（知道正确就意味着不出错）。

“正确的事”与“错误的事”大不相同。实际上，“错误的事”在我们的生活中是如此具体，似乎它将永远存在。监管机构的法规基于“错误的事”，许多组织寻求“错误的事”的数据。并非所有危险行业都关注“正确的事”。我觉得可以解释情况为什么会这样。

在孩子们小的时候，当我告诉他们的行为出了什么问题时，孩子们会非常沮丧。他们长大后，其中一个问我为什么一直批评他们做错的事情，却从不称赞他们做对的事情。我用一个非常反常的例子向他解释了为什么会这样。

我问他是否记得在一天的午餐准备中，我手中拿着把大刀站在他们的妈妈附近。他和他的弟弟坐在几英尺远的桌子旁。我可以刺伤他的妈妈，没有人能阻止我！在这种“对我的妻子和他们的妈妈的危险境地”中，我可以用刀杀死她，但我没有这么做！我对儿子的问题是：为什么没有人称赞我没有刺伤你们的妈妈？他盯着我，感觉我应该去“看精神病医生”。我告诉他：“你、你的弟弟和妈妈之所以没有称赞我没有刺伤你们的妈妈，是因为你们当中没有人期望我会那样做！”

是的，我对他说的话很奇怪，但这很好地说明了我的观点：我家中的每个人都希望我做正确的事，而不要刺伤。因此，我也希望我的孩子做正确的事。他们的正常生活就应该是做正确的事！但是他们是孩子，作为父母，我要教他们什么是错误的事。

这就是“正确的事”和“错误的事”所发生的：我们让享受正确的事成为

现实。我们知道这是正常的生活。坏事“毁了”我们的生活，这就是我们更加致力于防止它们发生的原因。比如，我买了一辆汽车是为了让我的生活更舒适，但这只有在处于“正确的事”时才会发生。再比如，我们正在设计新的产品和服务，目标是“做对”新产品和服务。我们对产品和服务的期望是：做到最好！如果“出现错误”，我们的产品或服务将受到威胁。我们在设计中使用的所有资源（想法、知识、技能、时间、金钱等）都会被浪费，而这不是设计产品或服务过程的重点。

从科学上讲，我们正在设计和生产生活中的事物，这些事物的本体论和现象学与“正确的事”而不是“错误的事”有关。在我们的生活中，我们努力遵循做“正确的事”，我们不喜欢“错误的事”，因为它使我们无法做“正确的事”。

奇怪，不是吗？

5.3 讨论安全－Ⅰ和安全－Ⅱ

在安全－Ⅰ和安全－Ⅱ的情况下，我将使用数学概率论来讨论它们之间的相互作用和相互关系。简而言之，安全－Ⅰ关注“错误的事”，安全－Ⅱ关注“正确的事”。如果某件事情错误的概率为P（w），则这件事情正确的概率为P（r）＝1–P（w）。因此，在知道某件事情错误的可能性时，我们实际上知道了这件事情正确的可能性。

考虑到这一点，在谈论安全－Ⅰ和安全－Ⅱ之间的联系时，我们必须同意（即使在数学上也是如此！）它们是相辅相成的。因此，通过减少“错误的事”的数量，我们实际上是在增加“正确的事”的数量，反之亦然。这意味着安全－Ⅰ没有任何问题。从数学上讲，“正确的事”和“错误的事”正在我们的生活中构成“一套事物”。主要的问题是我们不了解构成“事物集”的所有“正确的事”和“错误的事”。

因此，支持“正确的事”真的具有革命性吗？即使我们接受关于安全－Ⅱ的正确观点，也不是！

在安全－Ⅰ中，我们可以计算征候和事故，并将其数量除以运行特定系统所需的时间，从而得到安全－Ⅰ的指标值。该值表示系统中发生“错误的事”的可能性。但是，谈到安全－Ⅱ的测量时，由于“正确的事”太多，我们可能无法测量。另外，我们确实有“错误的事”的定义和分类，但没有“正确的事”的定义和分类。因此，无法进行类比，但安全指标是一样的：“错误的事”的数量除以特定时间段！为什么？因为“正确的事”和“错误的事”构成了我们生活中的“一套事物”，用数学术语表示：$P(r)+P(w)=1$。

但是请不要误解我的意思。

我们可以通过识别更多危险并计算所有危险的风险来增加安全－Ⅰ的活动。可以消除并减缓计算出的风险，从而所有这些活动将改善安全状况。请记住，安全－Ⅱ实际上处理的是“进展顺利”的事，这意味着我们将努力保持系统的正常运行（这是出于做“正确的事”的目的！）。当然，我们无法预测何时会发生“错误的事”，但在对它们进行了识别和分析之后，我们才真正知道如何减缓它们。在确定危险并计算风险之后，我们所能做的就是找到消除它们的方法。如果不能消除它们，我们可以尝试减缓它们（减少发生的频次和减缓后果）。但是，如果事故已经发生，我们将无法消除风险，也无法降低频次。我们只能减轻后果。而且，如果事先知道（计算）风险，那么我们知道如何使用备份计划、应急计划等来应对。这意味着安全－Ⅰ实际上可以提高安全－Ⅱ的“弹性”。我将在第 7 章中更多地讨论弹性。

因此，处理所有“错误的事”，我们实际上会在系统正常运行的情况下改善状况（“正确的事”）。“错误的事”可能会发生，但是随着措施的实施，系统将迅速适应或恢复，这是一件“正确的事”！

在相同的情境下讲质量。即使质量一词的本身与成功紧密相关，但六西格码（Six Sigma）仍将系统质量的指标放在拒绝的数量上：更少的拒绝＝更好的系统质量。田口（Taguchi）博士（更多详细信息，请参阅第 5.5 节）也研究“错误的事”。因此，我们已经有使用“错误的事”来展示系统有多好的情况。

关于“正确的事”和“错误的事”，还有另一个方面。让我们考虑一下医学。医学是一门研究有史以来最复杂系统——人体的科学。尽管它被定义为诊断、治疗和预防疾病的科学，但它主要涉及诊断和治疗。因此，人类生活中最重要的问题之一就是应对“错误的事”。请不要误解：预防是治疗任何疾病的最佳方法，即使是安全-Ⅰ也研究预防。因此，从实用的角度来说，我们可以说医学的本体论与安全-Ⅰ的本体论是一样的：它研究“错误的事”。即使在今天，科学家和医生的努力也致力于寻找疫苗或治疗疾病的方法。

人们通常害怕“错误的事”，这就是我们教孩子们关注他们生活中“错误的事”的原因。原因很简单：无须教育他们“正确的事”，因为“正确的事”不会伤害他们。

因此，总的来说，“正确的事”并不具有什么革命性。它甚至在之前就存在于安全中。但是提出安全-Ⅱ和“正确的事”也没有错，只是它们还有很长的路要走，以证明其可以成功地加入安全-Ⅰ中并改善“错误的事”。

5.4 故障或成功

当今世界使用的是安全-Ⅰ，事实证明它是很好的（请参见第 3.8 节）。美国NASA的《故障树分析在航空航天中的应用》（*Fault Tree Analysis with Aerospace Applications*）也许解释了我们过去不研究安全-Ⅱ的原因之一。该书第 9 页第 2.1 节中的“故障树和成功树”中有更多内容：

> 在进行分析时，从故障空间的角度看，有几个最重要的优势。首先，就构成故障的问题达成共识通常比就构成成功的问题达成共识要容易得多。例如，我们希望飞机飞得又高又快，不加油就能飞很远，并且具有大的商载。当这架飞机的最终版本下线时，其中的某些特征可能会在设计权衡过程中做出让步。这架飞机是否“成功”可能是一个有争议的问题。另外，如果飞机坠毁，则此事件构成系统故障的说法几乎没有争议。

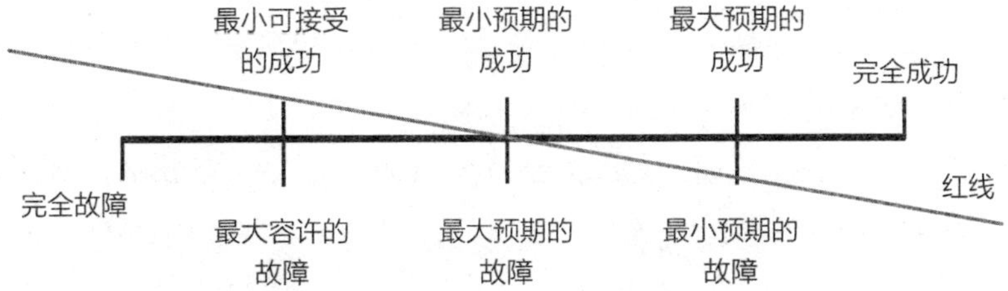

图 5.2 故障空间（红线下方）和成功空间（红线上方）互补

这些问题的处理方式已经在 20 世纪 70 年代的核工业和 90 年代的航天工业中讨论过。

有关故障树分析（FTA）的最佳手册之一是美国核委员会出版的《故障树手册》（NUREG–0492）①。在该手册的第 2 章第 8 节中，有一个“在故障空间中工作”和“在成功空间中工作”的示例（图 5.2②）。两种方法都给出并分析了彼此平行的两个值的相同配置。分析的结果是相同的，但该章节的最后指出：“……这基本上与之前的结果是相同的，但是可以看出，故障方法的工作量大为减少。”

在NASA的《故障树分析在航空航天中的应用》第 1 章第 1.4 节中也指出：

> 由于成功与故障相关，因此可以将FT（故障树）转换为其等效的ST（成功树）。在故障树的情境中，成功树中的成功被明确定义为没有发生顶事件。从故障树获得成功树的方法将在后面的章节中介绍。成功树是故障树的逻辑互补，成功树的顶事件是故障树顶事件的互补。

在《故障树分析在航空航天中的应用》一书的后面，即第 2 章第 2.1 节中，对“成功”和“故障”方法进行了进一步分析，指出：

① 1981 年由美国国家技术情报局出版。

② 《故障树手册》，NUREG 0492；美国核委员会，1981 年。

> "成功"往往与系统的效率、输出量、有用程度以及生产和销售特征相关。这些特征通过连续变量来描述，难以采用简单的离散事件来建模，如"活门未打开"，这是故障空间的特征（部分故障，即活门部分打开，由于其连续存在的可能性，也是难以建模的事件）。

因此，"故障"事件，特别是"完全故障"通常很容易定义，而"成功"事件可能很难确定。这个事实使得在分析中使用故障空间比使用成功空间更有价值。

因此，我们不能简单将安全-Ⅰ与安全-Ⅱ交换，原因是在安全-Ⅰ中处理"成功"时，我们要做大量的工作。

总之，安全-Ⅰ和安全-Ⅱ并不互相排斥；实际上，它们是相辅相成的。安全-Ⅰ使系统为征候和事故做好准备，而安全-Ⅱ着手建设系统的能力，以吸收这些事件和事故并从中恢复。这意味着安全-Ⅰ应通过安全-Ⅱ提升。

5.5 田口（Taguchi）质量损失函数

关于"错误的事"和"正确的事"的历史很有趣，尤其是在质量领域。田口玄一博士是日本著名的质量专家，他对质量有完全不同的看法。尽管质量的本体论与成功（"正确的事"）相关，但他更担心质量中的故障（"错误的事"）。

制造公司仅在制造过程中计算质量成本。当产品离开制造工厂时，会附有一个价格。但是，公司还有与产品销售后的情况相关的其他成本。如果产品质量不符合声明，则公司将面临客户的投诉。有时要求对产品进行维修，有时要求更换为新产品。但是有时候，根据产品的实际特性和声明的特性之间的差异，这些投诉的成本可能很高。设置这些质量差异还会产生安全后果。

2015年，美国召回了超过3000万辆汽车，以更换日本高田（Takata）公司生产的驾驶员侧安全气囊。过去，美国人经历过导致8人伤亡的奇怪爆炸。调查显示，高田安全气囊是造成这种情况的原因，从而敦促全球10家汽车制造商更换这些安全气囊。显然，汽车中安装的安全气囊的质量与声明的情况不符。这给高田公司造成了巨大的经济和市场损失。

田口博士在几十年前就引入了质量损失函数（QLF）。它描述了由于产品质量差异而可能导致的公司实际质量损失，公式为：

$$L=k(y-m)^2$$

式中，L为公司的经济损失，y为特定的质量特征，m为此质量特征（y）的目标质量值，k为常数。

QLF是二次函数，如图 5.3 所示。

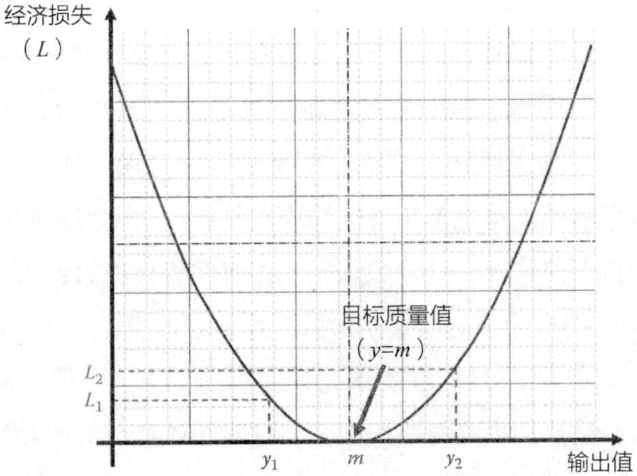

图 5.3 质量损失函数

我们可以看到，如果质量函数（y）不在目标值（$y=m$）上，则公司将遭受损失。我们可以注意到，（y_2-m）>（y_1-m），且差越大产生的损失就越大（$L_2>L_1$）。因此，田口博士的QLF计算产品在整个生命周期内的成本，向公司表明，如果他们未达到声明的质量，则要付出代价。

这与安全-Ⅱ提出的方法截然不同，如今已在日本、韩国和美国广泛使用。

有趣的是，这个QLF如何适用于解释行业征候和事故造成的损失。此处更重要的是QLF曲线和理论完全适用于安全，但是这些经济损失要比质量不达标（undelivered quality）导致的经济损失大得多（请参阅第 3.10 节）。

5.6 安全-Ⅱ和可靠性

因此，安全-Ⅰ意味着：尽可能多地尝试，以减少错误。但是安全-Ⅱ的定义是：尽可能多地尝试，以确保正确无误。当然，有一个假设，即一切在开始时都是正确的。

这里的诀窍是，我们已经有了一个管理体系来处理“正确的事情”（或安全-Ⅱ）：这就是质量管理（或我称之为：质量-Ⅰ）。处理质量实际上是在处理“正确的事”。

安全-Ⅱ涉及处理日常生活中的变量，有时会产生不愉快的事件，我们可以将其描述为征候和事故。这些变量一直存在，因此处理它们是一个连续的过程。在这里，我们得出了一个相似之处：对安全-Ⅱ实施改善（Kaizen）[①]原则与在QMS中使用它毫无区别。改善原则是由今井正明（Misaaki Imai）于1986年引入质量管理体系。这是基于特定原则的持续改进实践：好的过程产生好的产品；始终分析当前情况；处理数据并利用事实管理决策；采取措施发现、隔离和/或纠正问题的根原因。质量是团队合作，而改善是每个人的事！

也许你会问自己，怎么可能谈论质量并拥有安全-Ⅱ。请不要忘记，在90%的情况下，质量的提高将改进安全，这对于航空、医疗和核工业而言是特别有效的声明。在设计、测试和制造过程中，有必要做好质量工作以提高安全。因此，通过整合质量和安全，我们使用相同的可靠性措施来改进产品并减少故障。

过去（2000年以前），行业的安全基础是被动的：发生事故后，才做出反应！但是业界已经认识到这点，并且在航空领域，国际民航组织（ICAO）决定采用“主动的”安全方法。当我们建立了足够的数据来计算概率时，又进入“预测的”安全方法。但主动的方法所基于的原因-事件触发模型无法应用于当今的复杂系统（技术和组织复杂）。

---

① 日语单词，意思是“变得更好”。

让我们讨论一下这个问题。

目前，技术正在经历着巨大的发展。根据摩尔定律，集成电路中的晶体管数量每两年翻一番，我们可以假设所有设备都将变得更加复杂。由于人为差错而导致的自动化需求正在通过创建复杂的机器和复杂的程序来改善本已复杂的过程。问题是：我们（人类）准备好跟上技术发展了吗？我们的大脑和理解力能跟上复杂技术的影响吗？换句话说：技术的进步会伴随着人类社会的适当进步吗？

可靠性是每种产品的质量特征之一。实际上，它是产品最重要的特征之一，处理产品故障。为了防止故障（提高可靠性），有一个非常简单的方法：将系统加 1 倍或 2 倍！在航空领域，地面和航空器上的每个空中交通管理/通信、导航和监视（ATM/CNS）设备都是双套的。有两个发射机（接收机）、两个用于控制发射机（接收机）的监视器，它们也可以控制自己。因此，可靠性提高了。如果其中一个发射机停止工作，则监视器会注意到，进而关闭故障发射机并同时打开另一个发射机。这就是我们提供不间断服务的方式。如果一个发射机的可靠性①为 10^{-10}，则系统（有两个发射机）的可靠性将为 10^{-20}。

那会发生什么呢？我们提高了可靠性，但同时也提高了系统的复杂性（使用两个发射机代替一个发射机）。我们可以应对好这种情况吗？

为了解决一些问题而使设备和系统变得更加复杂，实际上会产生新的问题。系统的复杂性会带来新的危险，并为潜在的错误带来更多的风险，因为人类和组织无法始终注意它们。复杂的系统特别容易受到潜在内部错误的影响。它们需要更多的资源来进行维护，而在这种系统的各个部分之间建立和谐的关系并不总是成功的。

新产品具有与旧产品相同的生命周期，如图 5.4 的浴盆曲线所示，该曲线

① 在这个例子中谈到的可靠性，还有另一层含义，实际上我们正在提高通信服务的可靠性。许多人会对此表示强烈反对，认为可靠性仅与设备有关，而与服务无关。但是，我们并没有改变发射机的可靠性。我们改善的是系统中连接两个发射机的服务可靠性，该系统为我们提供了更好的服务。也许是时候考虑服务可靠性了。

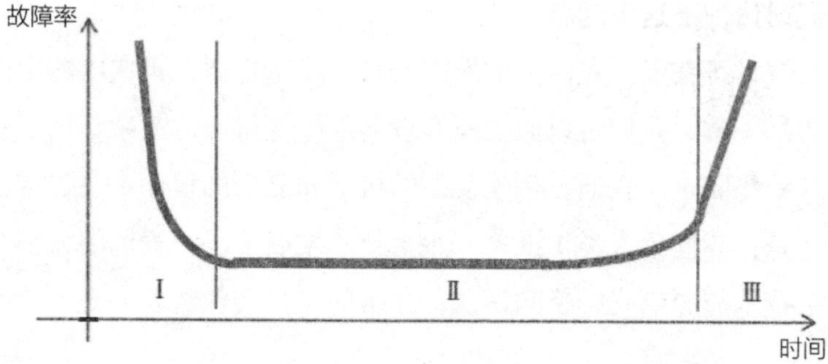

图 5.4 产品的浴盆曲线

通过故障率与生命周期的时间来表示产品的可靠性（这是质量-Ⅰ的部分）。请注意，高故障率意味着低可靠性。

看看浴盆曲线，我们可以注意到有三个区域。Ⅰ区是设计新产品阶段，也是开始进行必要测试以查看其工作方式的阶段。在其生命周期的开始，新产品增加了故障率（低可靠性!）。这意味着在该区（称为"婴儿死亡率"）新产品容易出现故障，其中一些与安全有关。因此，所有新产品在开始时都是潜在不安全的。行业对此非常了解，因此他们尝试对产品进行广泛的"老化"和测试，将产品"保留"在实验室中，直到"进入"Ⅱ区。该区称为"正常生命周期"，在该区，故障数量最少且几乎是恒定的。实际上，这是产品有用的阶段。一段时间后（产品不会永远使用），由于其所有零件的磨损，产品的故障率将会增加。维修将变得昂贵，可能会导致安全后果，产品将进入Ⅲ区。该区称为"寿命终止"，此时的产品容易磨损，是时候"应该退役"并更换新产品了。

因此，从Ⅰ区中的活动，我们可以发现质量-Ⅰ不是被动的，而是主动的。它从一开始就在设计过程中处理问题，并尝试创建有关质量（和安全性）的良好设计，以防止质量（和安全性）故障。在新产品进入浴盆曲线上的"正常周期"之前，质量-Ⅰ处理新产品的大量测试（在不良情况发生之前）。它将改善产品在可靠性方面的运行方式，从而减少故障。

6 图和公司

6.1 生命图

让我们看看公司在现实中是如何“生存和存活”的。图 6.1 显示了虚拟公司的生命线和“真实”现实。

公司的“成功”值在 y 轴上表示，它可以是公司用来跟踪其情况的任何值，包括生产、销售、利润、股票价值等。选哪个值无关紧要，因为每个公司都有某种关键绩效指标（KPI）以显示公司的绩效。对于我们虚拟的（不存在的）公司，假设它是数百万美元。

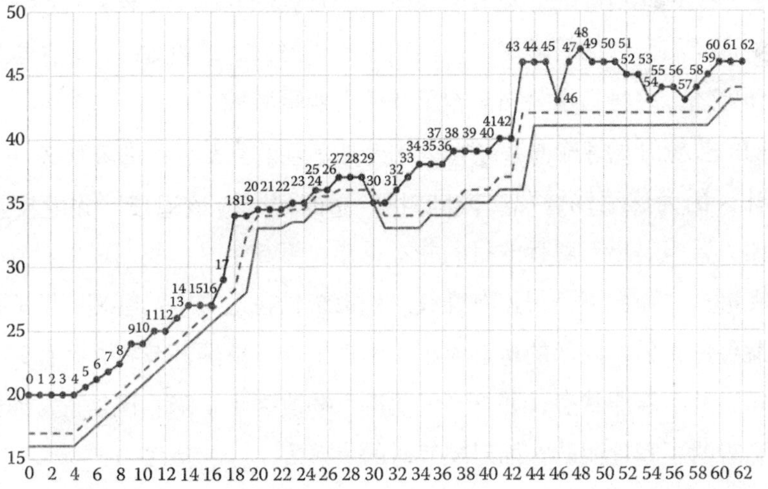

●●：蓝线；--：红色虚线；一：红色实线。

图 6.1　生命线

时间在 x 轴上表示，可能是数周、数月或数年。从实际（实用）的角度出发，最好假设这些数字代表月份。尽管它只是一家虚拟公司和一个虚拟现实，但我仍将用它来说明现实中恢复力工程（RE）的实际实施和工作。公司的管理人员富有创造力则可满足所有RE要求。

图 6.1 用蓝线表示公司的生命线。该图显示了公司生命中特定时期（62 个月）内所有的好事和坏事。值得一提的是，开展业务存在完全不确定性。没有人能预测市场将如何对公司的产品做出反应，以及未来材料和资源的价格将如何变化。换句话说，由于本地和全球经济的不确定性，为公司建立的计划很容易一开始就失败。在 20 世纪 90 年代进行的一项研究发现，有 80%的新企业在头两年中倒闭（破产）。因此，公司的存活将取决于管理层“在业务流的第一个旋涡中畅游”的能力。他们不仅需要知识，还需要很多运气！

该公司成立时的投资为 2 000 万美元，从成功生产所需的所有必要条件开始：任命管理人员，购买和安装设备，调整管理体系并为实施做好准备，雇用员工并开始培训，建立了物流，并获取了生产所需的材料和资源。

因此，蓝线是生命线，图 6.1 中的红色实线是管理层发布的公司的边际线。如果公司超过此边际线，则可能会破产。管理层专注于监视公司的状况，但是作为负责公司事务的管理层，他们还发布了另一条红色虚线。这条线实际上是一条预警线，它将指示公司是否正在接近危险区域。

从最初的投资开始 4 个月后，该公司开始活动。在这 4 个月中，公司的价值没有变化，因为这笔钱被花在提供相等价值的设备、员工和管理上。也许会有一些损失，但是出于解释的目的并不重要。第 5 个月，我们可以看到生产和销售正在进行，因此该公司正在赚钱。该系统仍在适应中。管理团队应谨慎而明智地避免危害公司内部的所有流程。出现了许多薄弱环节，并且在第 7 个月，该公司正处于停滞状态，并打算优化流程和改善小缺陷。这是正常而明智的活动，它表明了管理团队在面对现实时的成熟度。

经过所有这些细微的调整，公司的成长得以继续。实施第 8 个月的调整后，测试期为 2 个月，第 10 个月该公司正在分析改进并确定系统中的更改。

如果我们可以假设第 8 个月的调整是“粗略”的，那么第 10 个月的调整是“精细”的。实际上，这是在生产进行中“打磨”新系统。

未来时期的特点是管理团队的审慎性在下降。这是很正常的：在头几个月，破产的风险是巨大的，但是现在情况进展顺利。公司在市场上取得了最初的突破，其未来似乎稳定，因此气氛轻松。在这个时期，管理人员的过度自信可能会助长危险情况的发展。实际上，这是通过生命线和边际线之间的距离缩小显示在图表上，但是管理团队并未对此进行关注。

该公司没有遇到任何问题。生产（和收入）增加了，在第 12 个月，该公司在市场上提供了改进的产品。该产品被客户所接受，并且公司在继续增长。观察红色实线，我们可以看到生命线和边际线之间的距离正在减小，但仍一直保持在红色预警线上方。

现在，该公司可以考虑未来通过开设新工厂或在市场上提供新产品来增加产量。在第 15 个月和第 16 个月，由于为更改做准备而停滞不前。我们可以注意到，在这几个月中，生命线几乎触及预警线，但无须担心。管理人员意识到这一点，并牢记他们正在引入变更，审慎且对所有活动进行了严格监控（这使得它们易于控制）。在第 16 个月末进行了更改，经过一个月的测试，该更改已完全投入使用。我们可以看到，生命线正在上升（公司正在赚钱）。信心又恢复了，但是由于以前的成功和过去几个月没有失败的历史，信心有了更大的提高。但是，到预警线的距离也变小了。

随着生命线和预警线之间距离的缩短，管理人员的信心并没有因此而降低。相反，他们的“胃口”增长了，与预警线和边际线保持很小的距离为他们赚了更多的钱。不花钱意味着成本降低，利润增加。起初，生命线与预警线之间的距离为 4 个单位，但是在第 20 到 26 个月的时间内，距离仅为 0.5 个单位（仅为前者的 1/8！）。

从第 27 个月开始，距离越来越大，但是原因并不可靠：管理人员变得懒惰，他们没有调整边际线。最终，“坏事发生在好人身上”。

在第 30 个月初，事故发生了。我不会详细介绍发生的情况（火灾、人员伤亡、产品缺陷以及需要召回所有产品、市值下跌等)，但是公司的生存受到了极大威胁：生命线触及了边际线！这次事故发生后，管理团队受到了震动，清醒了过来。立即实施救援计划，动用了储备金并支付了赔偿金。公司存活下来，但现在又回到了起步阶段。客户的信任度（也许）丢失了，但是最重要的是，事故已经动摇了整个公司的信心。这需要恢复。如果不重建员工的信心，公司将没有前途。管理人员正在努力改善状况，而这些活动正在慢慢改善公司的整体状况。恢复了生产，销售上升了，情况更好了。此时，生命线和预警线之间的距离恢复了，并保持在 3 个单位。吸取经验教训！

几个月后，公司走上了正确的道路，开始思考未来。事故发生 6 个月后，公司稳定下来并开始为新的投资做准备（通过开设新工厂或在市场上提供新产品来增加产量)。这次准备工作时间更长、更好，并且在第 41 个月末，更改已完全实施。这对公司有利，公司的价值再次上升。

在第 46 个月末，发生了另一起严重事件，但处理得当，生命线甚至未触及预警线。在此事件之后，公司进一步发展，但仅在价值上有所增长。实际上，在第 46 个月对事件进行正确的处理增加了管理团队的信心，并且他们再次变得鲁莽行事。几个月后，公司开始遇到一些问题，最终任命了一个新的管理团队。“新人”面临的挑战是：振兴公司并与新技术和方法保持同步。

我们可以注意到，图上的生命线代表着公司的生命。即使这是一家虚拟公司，许多公司的生命也可以像这样。这个例子同时显示了为成功而战和为存活而战。每家公司都是以某种想法建立的，这种想法对投资者来说似乎足够好，可以为他们提供赚钱的机会。钱就是钱，而好理念才是可以帮助你找到投资者并在市场上提供优质产品的资产。因此，公司试图通过生产产品或提供服务来赚钱，而这实际上是被市场接受的理念的具体化。

6.2　经济－安全图

在第 6.1 节中解释的实际上是公司的经济状况。如果我们想提出经济和安

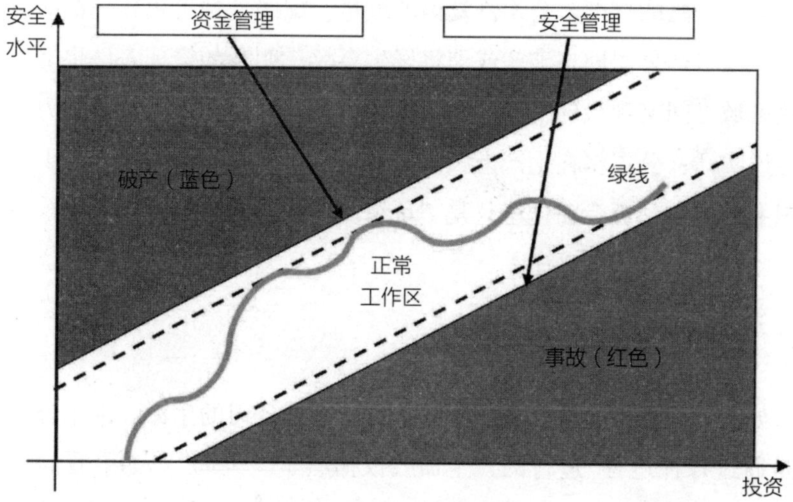

图 6.2　经济–安全图

全的更准确的组合，我们需要介绍经济–安全图。图 6.2 显示了公司如何平衡业务并满足法规安全要求。

x 轴表示在生产和安全方面投入的资金之间的差额。*y* 轴表示达到监管安全要求的情况，显示为安全水平。该图的白色部分显示了正常的工作区。在该区域中，资金和安全得到了平衡，旨在满足市场和监管要求。如果公司为安全生产投入的资金多于安全，则安全水平将很低，可能发生事故（红色区域）。如果公司为生产投入的资金少于为安全投入的资金，则该公司将没有足够的生产资金，可能会陷入破产（蓝色区域）。因此，公司必须遵循称为安全线的绿线来平衡支出。当安全线接近蓝色或红色区域时，这意味着需要更多的监视和更多的控制，以防止“越过边界”。白色和蓝色区域之间的边界（资金边际）由资金管理控制，白色和红色区域之间的边界（安全边际）由安全管理控制。安全裕度的考虑与第 3.7 节中所述的“最低合理可行”（ALARP）概念有关。

整个图由高层管理人员监视和控制，因为对利润的考虑是团队合作。高层管理人员之间的合作和相互理解至关重要，这是高层管理人员的智慧将发挥巨大作用的关键点：通过保持安全线的平衡移动来提供最佳条件！

正常工作区的宽度是公司恢复力的度量。虚线是预警边界，在该边界应触发预警，以告知公司即将破产或即将发生事故。明智的管理人员将努力在蓝色和红色区域之间实现最佳平衡，并留出足够的空间使公司更具恢复力。

但说实话：公司将在生产上投入多少资金以及在安全上投入多少资金，这是组织上的事情。资金在这里只是“玩组织游戏”的“数字”。

6.3 流程图

正如我们在第6.1节中所述，生命线描述了公司的生命。由于公司的各种活动是通过各种过程①进行的，生命线仅描绘了“全局”。如果我们想进一步了解细节，我们必须查看公司内部的过程，因为它们定义了公司的成败。

解释过程的线与生命线完全不同，它是由统计过程控制（SPC）计算得出的，下面进行相应的解释。

创建产品的制造过程并不容易。首先，设计师要参与产品的设计，其次准备制造产品的必要过程。这项工作需要综合考虑和折中。产品必须是优质的（高质量）、安全的（功能安全）并可供客户使用（价格合理）。同样，制造过程也需要确保员工的安全。

用于生产和框定产品主要特性的材料将影响制造过程。不同的材料有不同的成本。过程特性越具体，所需的设备就越精确精密，从而导致产品的价格更高。换句话说，材料和过程会产生最终价格。为特定产品设计过程通常涉及市场经济的妥协（低价产品＝更好的销售）。

无论选择哪个过程，都需要调整过程的参数。这些参数可包括温度、密度、浓度、压力、大气等。调整这些参数是通过测试最终产品来实现的。在测试过程中，将针对参数的特定值，对产品的特定特性进行评估（测量），并对容差范围内作为产品质量核心的参数值进一步评估。这些参数值为给定的产品

① 过程是将输入值（材料、能源、服务等）转换为输出值的活动。它通常显示为仅具有输入和输出的框。

容差创建了优化过程。当建立优化过程时，需要将参数的容差保持在限制范围内，才能获得好的产品。参数的容差是对参数理想值的偏离，但不会损害产品的特定特性。要找到参数值的限制，应更改参数值并测试产品。第一个坏产品的出现表明该参数无法再提供好的产品。它将参数的前一个值作为限制。考虑所有测试结果（对于好产品），并计算出平均值和标准偏差（σ）。

假设虚拟产品进行了 40 次测试，并且所有虚拟产品中的每一个虚拟参数的值均已更改。对于该参数的每个值，测试产品的特定特性，在该参数（PV）的 40 个值中只有 12 个制造的产品在容差范围内。这 12 个值分别是 20、22、21、23、20、19、19、20、21、19、18 和 22。结论是，上述任何一个值都可以产生好产品，从而使其成为优化过程的一部分。

此外，使用以下公式计算平均值（PV_{avg}）：

$$PV_{avg} = \frac{\sum_{1}^{12} pv_i}{12}$$

一旦知道平均值PV_{avg}，就可以相应地计算出标准偏差σ：

$$\sigma = \sqrt{\frac{\sum_{1}^{12}(PV_{avg} - pv_i)^2}{11}}$$

对于该例给出的测量值和平均值，结果为σ= 1.49。计算值如图 6.3 所示。在该图中，x轴表示参数的编号，y轴表示参数的值。蓝线连接参数在容差范围内提供产品的所有 12 个值。红线是所有 12 个值的平均值（20.33），绿线是平均值 ± 3σ（15.86 和 24.80）。

如前所述，图 6.3 给出了过程中一个特定参数的最佳值。通过使用参数的各种测量值并对这些值进行统计，可以创建参数的最佳值。通过找到其他参数的其他最佳值，我们可以构建优化过程。如果我们选择过程的每个特性的容差为平均值 ± 3σ，并且将所有参数值保持在绿线之间（平均值 ± 3σ），则 99.73%的产品的所有特性都将在容差范围内。

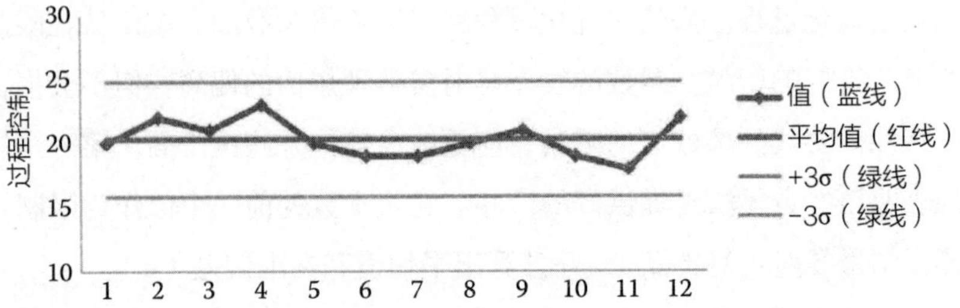

图 6.3 过程图（SPC图）

因此，当实施优化过程时，我们已经建立了参数变化的裕度（图中的绿线）。之后，我们只需要监视过程的参数即可，以通过控制值来控制过程。通过监视参数是否仍在绿线之间，我们实际上再次实现了统计。一个过程是由几个参数（每个参数控制特定的特性）组成的，将所有参数都控制在一定范围内（应用相同的统计方法）可以生产出所需的产品。这种控制方法称为统计过程控制（SPC）。

SPC出现在20世纪上半叶。它是由沃特·休哈特（Walter Shewhart）博士于1924年在贝尔实验室引入的，并由其他“质量专家”①进一步发展。有时你会在开始时使用的“统计质量控制”下找到它。关于SPC的第一本书是《统计质量控制手册》（*Statistical Quality Control Handbook*），该书由西方电气公司于1956年出版，至今仍有效。

通过质量标准的改变，工程师意识到可以通过控制过程的质量来控制产品的质量。这可以通过尝试使过程尽可能接近优化过程来实现。

关于SPC如何通知我们过程已失去控制，存在一些规则，可以使用图6.4解释这些规则。

图6.4描绘了三个区域的存在：A、B和C。在此图中，红线是多次测量的平均值，而σ（西格玛）是其标准偏差。距平均线的距离σ由绿线表示（±3σ、±2σ和±1σ）。平均值（红线）和标准偏差（绿线）与优化过程计算的值相同。

① 质量先驱者包括休哈特、戴明、朱兰（Juran）、克罗斯比（Crosby）、田口等。

图 6.4 管理SPC的区域

因此，该特定参数将来的制造值将是上述任何区域（A、B或C）的一部分。

表明过程失控的四项规则是：

1. 至少 1 个点落在 ± 3σ边界之外（A区之外）。

2. 2/3 的连续点落在A区或以外。

3. 4/5 的连续点落在B区或以外。

4. 8 个连续点落在平均值线的同一侧的C区或以外。

前述规则称为“西方电气公司规则”，可以在《统计质量控制手册》中找到。图 6.5 显示了所有四种过程情况（每个规则的颜色不同）。

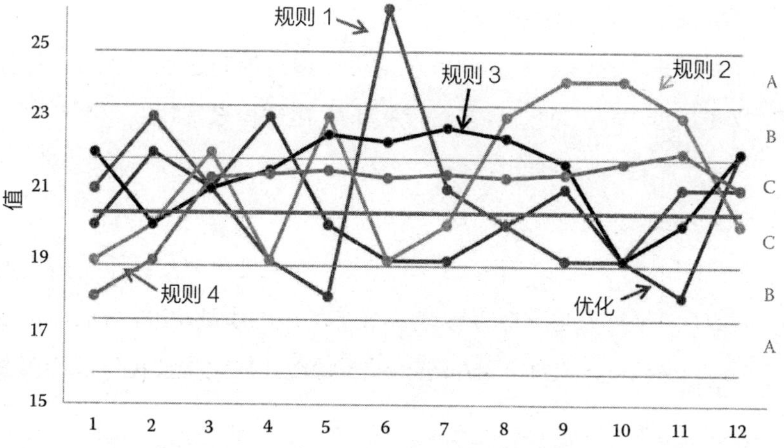

图 6.5 西方电气公司的过程失控四项规则

后来又开发了另外四项规则，但这四项是传统规则。如果在监视过程中满足上述任何一项规则，则表明该过程失去控制，从而导致产品特性不在容差范围内，因此必须停止该过程。迫切需要检查过程参数的整体情况并解决问题。

1984 年 10 月，劳埃德 · 纳尔逊（Lloyd S. Nelson）公布了他的八项规则。这些规则包括西方电气公司的四项规则（使它们更加详细）和另外四项基于SPC经验的新规则。

我强烈建议在应用SPC时使用纳尔逊规则！

7 安全 – Ⅱ和恢复力工程（RE）

7.1 引言

以下两种方法可以在公司内部实现安全：

1. 改进当前系统的设计，以消除、防止或减缓大多数会对公司运行产生安全后果的事件。

2. 设计一个体系，该系统对公司运行期间可能干扰它的所有事件具有恢复力（适应性）。

第一种方法已在第 5 章中解释，第二种方法涉及恢复力工程（RE）。恢复力工程是“安全天空”上的一颗“新星”，于 20 世纪 90 年代末开始“闪耀”。

我们可以去互联网寻找恢复力的定义。在各种网上词典中，恢复力与生命结构（细菌、动物、人、植物、树木等）在遭遇不幸后恢复的能力有关。将这个定义放在设备的情境中，我们可以将恢复力定义为轻松解决设备故障或损坏的能力。

此外，在应用于工程之前，恢复力已在许多领域（生物学、生态学、商业、地震学、经济等）中使用，在这些领域中都有其自己的定义。要点是恢复力是用来显示实体（系统、设备、人等）在不符合正常“生活方式”的变化中存活并在事后恢复的能力。在心理学中，假设恢复力是人在经历某种个人悲剧后“恢复”的能力。

在网上词典中我们也能找到工程的定义。有趣的是，这些词典都有两个“工程”定义。第一个定义将工程与应用关联，即使用科学和技术改变材料特性以生产某些类型的产品。第二个定义将工程与过程关联，更适用于术语“恢复力工程”。“工程”过程意味着我们监视和控制过程，以引导或指导活动达到预期的结果。通过将“恢复力”和“工程”的定义联系起来，我建立了自己的定义：恢复力工程（RE）是一种能够熟练地监视、控制和指导系统以使其足够强大并适应各种情况（正常和异常）的方法，以便在出现异常情况时提供快速恢复。

我们可以发现，当今文献中对RE有几种定义；但是，最合适的是与恢复系统相连接。RE将系统①视为在发生特定“坏事情”之前、之中和之后能调整其活动的实体。这些“坏事情”危及系统的功能，因此，进行这些调整对于维持所需的操作是必要的。这意味着，当我们创建恢复系统时，此类系统的管理是通过恢复力工程活动来完成的。

RE试图增强公司监视和控制风险的整体能力，以创建“有韧性”和“有弹性”的过程，从而有效且高效地利用资源。换句话说，恢复力工程不仅关心质量和安全，而且还关心持续的生产和经济事务。RE中的事故并非系统活动正常控制出现故障的结果，而是由于它们无法适应技术复杂性而导致的系统参数变化。

遵循此定义，可以看出RE不仅止住了“坏事情”，而且还记录了“好事情”，并找到了适当的活动来支持它们，使其尽可能长时间地保持有效。

因此，我对RE的定义如下：它是一种管理系统，有助于公司监视和控制日常工作任务的可变性并进行特定调整，以最大限度地减少“坏事情”的影响并最大化“好事情”的影响。

当然，考虑到管理系统（包括人、设备和程序），我们可以得出结论：程序始终可以调整，而人只有在愿意或被敦促（规则要求）时才能调整，设备只有在设计时才能调整。

---

① 此处的系统是人、设备和程序的集合。

7.2 RE理论

从根本上讲，RE是一个新概念，它在改善“好事情”和防止“坏事情”的处理中提供了一种“颠倒”的方法。RE提供了处理“正确的事”并加以改进的可能性，而不是处理“错误的事”并加以阻止。RE实际上是实现安全-Ⅱ的工具。接下来对此更详细地进行说明。

我们在生活和工作中，总是努力变得更好。我们接受更好的教育，这将有助于我们提高绩效，从而带来更高的收入，使我们的生活更美好。通过这种方式，我们试图实施我们内部的行为和活动“系统”，这将有助于我们变得更好。这类似于我们将自然科学法则的概念应用到我们的社会中，制定出影响我们日常生活的法则。我们希望通过复制组织良好且运作良好的公司组织结构，来改善我们生活中的管理和效率。然而，问题是我们是将自己内部的组织复制到公司中，还是试图像好的公司那样组织我们自己？我们是否试图像成功的公司那样组织自己？简而言之，我们是在自己行为中复制好公司还是将生活复制到好公司中？我不会冒险回答，而是要强调，我们应该向好的公司学习，而公司则应该向组织良好的人学习。

通过在生活和公司的组织中处理RE，我们了解到有必要构建一个“有韧性”和“有弹性”的系统，在该系统中，将对“好事情”进行监视和控制，我们将积极管理内部和外部资源。一般来说，我们可以将RE称为系统在其生命周期内的韧性和弹性的能力。或更好地说：其韧性和弹性具有动态适应性。由于韧性和弹性具有相反的含义，因此我提供了另外的解释。

有一个中国故事，讲述了一个聪明的功夫大师，他的风格很不寻常。他向学生解释了他的风格背后的哲学：

> 很久以前，我经历了一场很强的台风，我从家中看到有很多老树在逆风挣扎，随着台风变得更强，有些大树开始折断。大树旁是一棵年轻的小树，它在台风的作用下向所有可能的方向弯曲，而没有折断

任何树枝。台风过后，那棵小树还在那里，什么也没发生！因此，我意识到，如果我能把老树的“韧性”转变为小树的“弹性”，没有人能击败我！

每个系统在运行过程中都会承受很大的“压力”。系统设计用于应对大多数与常规功能有关的“已知压力”。如果在压力情况下系统没有变化，则意味着系统是有韧性的。但是，如果在压力情况下发生一些内部变化不危害系统运行，则系统是有弹性的。

有韧性的系统是一个坚固的系统，其内部的能量足以抵抗来自内部或外部的不利能量的每一次相互作用。但是，在某些情况下，这种内部或外部不利能量过高，具有破坏系统韧性的能力。这些情况是偶然的，并不为人所知。我们可以通过在系统中设置更严格的容忍度（安全裕度①）来拦截它们，但是问题是它们应该严格到什么程度。

关于安全裕度的一个很好的例子是 1963 年 10 月在意大利维昂特（Vajont）大坝发生的事故。维昂特大坝建于意大利阿尔卑斯山，高 262 m，是欧洲最高的大坝。

发生事故是因为大坝周围的地形不稳定且易于开裂。在修建大坝的过程中，出现了一些裂缝，大量土地落入水库中，引发了洪水。对该水库周围地区进行了额外的测试，并假设未来的山体滑坡不会产生高于 20 m的洪水。因此，工程师在大坝中嵌入了 25 m的安全裕度。不幸的是，在 1963 年 10 月 9 日，水库岸边发生了大规模的山体滑坡，导致 250 m的大洪水。洪水漫出大坝，在Piava山谷造成 2 000 多人死亡。维昂特大坝完好无损，这意味着大坝的设计很好。但是，大坝的功能改变了它周围土地的地质，而这被工程师们忽略了。这次事故是工程师错误假设造成的五起事故之一，是表明“玩弄未知”存在风险的典型例子。

---

① 容忍度用于质量，而为防止安全后果而产生的容忍度称为“安全裕度”。

福岛灾难的发生是因为据估计海啸（由地震引起）不大于5.7m（不知道这个值是如何计算的）。冲击核电站的海浪的实际高度为14~15m，这为我们提供了另一个错误假设安全裕度的例子。

在这些情况下，我们需要系统具有弹性以适应较高的不利能量，然后再返回到先前的状态。弹性系统将较高的不利能量转化为无害能量，而韧性系统则在内部吸收该能量。要知道的重要一点是弹性会导致恢复。我并不是说在破坏之后恢复系统，而是当能量通过系统的某些弹性属性转换使系统恢复功能而没有任何破坏时，从不利事件中恢复（来自功夫大师故事的“年轻小树”！）。

我们可以创建系统的韧性，因为所有这些压力都是已知的，并且我们可以通过嵌入对策计算对抗它们的能量。我们可以通过弹性处理未知压力。但问题是，对于未知压力，我们只能进行假设。这就是为什么系统的弹性不容易像韧性那样具有完整性。

在谈到产品质量和质量管理体系（QMS）时，我们可以说其目的是管理具有相当完整性的可靠产品的生产。该产品必须具有韧性才能在正常压力下存活，且必须具有弹性才能在非正常压力下存活。应对各种压力的能力是设计过程的一部分：应使用适当的材料和方法来设计韧性和弹性。

韧性和弹性在今天是可以实现的吗？让我来举一个很好的例子。

在我十几岁的时候，读到一篇关于莱卡相机的精彩文章。它解释了为什么莱卡与其他相机相比如此昂贵。两起与“不当”使用莱卡相机有关的事件可能会揭示这一点。

第一起事件是一位新闻记者描述的，他拍摄了20世纪60年代美国某地黑人的示威活动。随着局势升级，他发现自己陷入了警察与示威者之间的暴力冲突之中。没有时间或机会向警察解释他是谁。因此，他抓住莱卡相机的镜头，把它当作锤子，试图从冲突中脱身。在“为生存而战”期间，他数次击中警察的头盔，最终逃脱。刚刚发生在他身上的事让他很震惊，于是他回到家休息。第二天，他去了实验室并制作了电影。出乎意料的是，这些影片的质量极佳！他检查了一下相机，发现相机工作正常，机身上只有两三条划痕！

第二起事件是一个喜欢在湖边拍鸟的摄影师。他租了一条船，在拍摄结束返回途中，他的莱卡相机意外掉入了水中。湖深 5 m，外面几乎一片漆黑，所以他什么也做不了。他记得那个地方，回家了。这件事发生在星期五晚上，在接下来的两天里，他找不到潜水员，无法取回他的莱卡相机。星期一，他找到了一个潜水员，去了湖上。1 小时后，莱卡相机就在他手中。到家后，他用自来水冲洗掉相机上的泥土。之后，他想出了一个聪明的主意，将莱卡相机放入烤箱，仅需几分钟即可使其干燥。烤箱设定为 100℃。他打开电视开始看电影，完全忘记了相机的事。1 小时后，他突然想起来，立即去了厨房。当相机凉下来后，他检查了相机。尽管这个相机在水下 5 m浸泡了 3 天，被泥土和尘土覆盖，然后放在 100℃的烤箱中放置 1 小时，它仍能正常工作。只有机身的色漆略有几处裂痕！

当最好型号的佳能和尼康相机价格为 1 000 美元时，最好型号的莱卡相机价格为 2 000 美元。显然，这是有充分理由的！这是RE产品应如何工作的一个很好的例子！

实际上，通常在应对压力的能力和产品（材料）的价格之间需要折中。有很多产品只注重价格而不是质量，这不能使它们具有恢复力并能长期使用。

公司也是如此。他们面临着物流、生产和销售的压力（主要是时间压力），在运行的经济方面做出了很多妥协。

7.3 RE和设计设备

生产中的一切都从设计开始。无论我们在做什么，一个好的开始是一个好的过程的基础。产品开发研究所进行的一项研究①报告了他们对许多领先公司的基准调查，结果表明设计可以直接影响 70%以上的产品生命周期成本。具

① 这项研究是由Brenda Reichelderfer和Don Clausing为产品开发研究所（位于加拿大安卡斯特）所做的。

有良好产品开发效力的公司节约的成本是平均水平的3倍，利润增长是平均利润的2倍。还观察到40%的产品设计成本被浪费了！

设计的重要性也与公司的经济联系在一起。如果产品设计存在错误，并且在设计过程中发现了此错误，则返工成本不会增加。但是，如果在将产品销售给客户后发现产品设计错误，则处理该产品的返工成本可能会增加10 000倍。一般规则是：如果我们越早发现产品设计错误，更正错误所需的费用越少！

如前所述，设备的可靠性要比人的可靠性好得多，这就是设计人员努力通过设备自动化来改变人的原因。但是，由于人无法适应设备正常运行中的预期和意外变化，这种方法并不总是成功的。与人相比，设备的自适应能力非常差。设备的适应是在设计过程中进行的，之后不能轻易更改。

设备缺乏适应性的一个典型例子是飞行管理系统（FMS），通常被称为飞机上的自动驾驶仪。在飞机出现颠簸或意外运动时它会被关闭。因此，当发生此类事件时，飞行员需要接管飞机。通常，即使在设备设计为具有适应性的情况下，也需要根据情况人工更改软件或调整设备。无论是哪种设备，我们都不能将人对系统调整的贡献降到最低。

RE的出发点是“好事情”和“坏事情”有相同的基础，即日常活动。但说实话：我们为创造“好事情”而竭尽全力，有时这种努力带来了“坏事情”。它们的基础是相同的，但是设计良好的系统的正常运行不会造成不良后果。仅当设计差或操作人员不胜任时，系统才能超出其限制。这就是RE所追求的：好的设计！

在设备设计中使用了一项新技术，其中自动化是重中之重。新设备旨在使人们的生活更轻松，并减少人为差错的可能性，人为差错在航空事故原因中占到80%。当然，这需要设计人员付出更多的努力，在设计过程中，最重要的考虑因素是有效性，即通过以下问题表述：设计的设备是否提供了预期的效果？然后，设计人员尝试提高完整性、可靠性、效率等。

如前所述，在考虑RE的设计时，我们需要设计必须同时具有韧性和弹性的设备。另外，这种设备应支持基于它的系统的韧性和弹性。

如今，我们拥有大量用于产品设计的方法。它们的主要不同之处在于产品的主要用途和使用区域。我们可以将它们粗略地划分为提供良好的产品可靠性（韧性和弹性）的方法和提供良好的产品可维护性（维护的弹性和经济性）的方法。有关这些方法的说明，可以在互联网上以“可靠性设计（DfR）”和“维护性设计[①]（DfM）”的名称找到。条件恶劣的环境要求设备具有良好的可靠性（故障率低），但维护过程也应快速。当然，在这样的环境中，定期维护不是必需的，或者应该零星进行。没有比太空更大的恶劣环境区域了，因此美国航空航天局有一个特殊的标准（NASA-STD-8729.1）《计划、开发和管理有效的可靠性和维护性（R&M）大纲》，该标准要求在设计过程中对这可靠性和维护性均进行优化。

在这里，我想提及两种完全适用于系统设计的设备设计方法。第一个是田口设计，第二个是六西格码设计。

用田口（稳健）设计方法所生产的设备在应对产品和过程的可变性时需要“稳健”[②]。这意味着暴露于许多可控和不可控因素的设备不应改变其工作方式（其规范不得改变！）。通过这种方法学设计的产品能够比制造商声明的条件经受更严苛的条件。它以田口设计方法、实验设计（DoE）和多元回归分析为基准。这些方法用于通过在存在外部（可控制和不可控制）影响（如噪声）的情况下进行的实验来测试产品不同特性的可变性，从而使这种方法学特别完整（图 7.1）。

田口设计分为三个阶段：概念（系统）设计、参数设计和容差设计。

概念设计是我们寻找能够满足设备（系统）需求的最佳概念的开始阶段。这并不意味着我们只需要研究已知的概念，而是还需要创新。已知的模型对于复杂的设备（系统）存在问题，因此在此进行创新非常受欢迎。在这个阶段，

---

① 维护性是对故障发生后我们如何轻松、快速地将系统恢复到其运行状态的一种度量。

② 这种方法的常见名称是田口设计，但也可以在文献中找到被称作稳健设计。本书中的“韧性”对应于田口的“稳健性”。

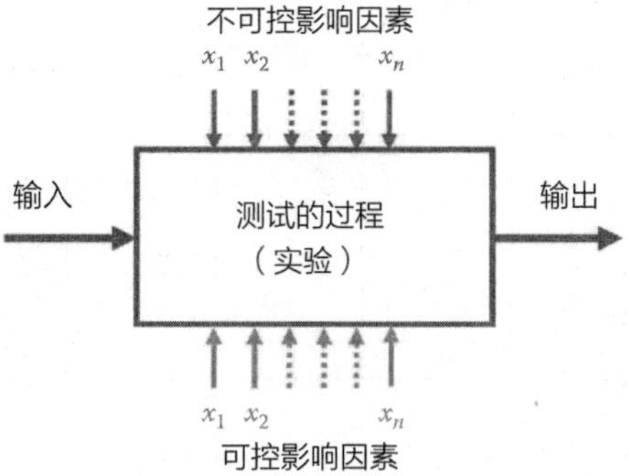

图 7.1 田口的过程描述

我们确定设备和子系统的材料、结构和配置。此外，此阶段定义设备子系统与部件之间的内部交互以及它们与外部环境的交互。

确定概念设计后，我们进入第二阶段。参数设计是我们实际生产处理参数可变性的设备的韧性和弹性的阶段。如前所述，参数之间存在相互作用，以及参数与环境之间存在相互作用。这些相互作用称为“噪声”。噪声会产生参数的可变性，因此我们设计参数以最小化此可变性。

每个参数都受众多因素（外部或内部）的影响，在此阶段进行评估。在图 7.2 中对此进行了解释，其中显示了一个特定因子（x），并以图形方式显示了参数［p（x）］的可变性。我们可以注意到，对于因子x的特定变化（$x_2–x_1 = x_4–x_3$），参数的变化是不同的。参数可变性p_1大于p_2，因此很明显，我们将定义一个参数以具有变化p_2，换句话说，当因子在（$x_4 - x_3$）表示的区域内时起作用。

参数的定义是通过在设备专用环境中进行的实验和测试来完成的。因此，测试中包括了最可能的环境相互作用。

我读过几篇有关安全–Ⅱ和RE的文章，但都没有提到田口玄一博士的名字。这很奇怪，因为他是 20 世纪RE的先驱。他是第一个尝试并实现不会受到内部或外部变化影响的系统理念的人。

第三阶段是容差设计，即处理定义设备操作漏洞的容差的识别。在这个阶段中，我们选择要使用的材料，如何处理它们以及质量和价格是多少。此阶段

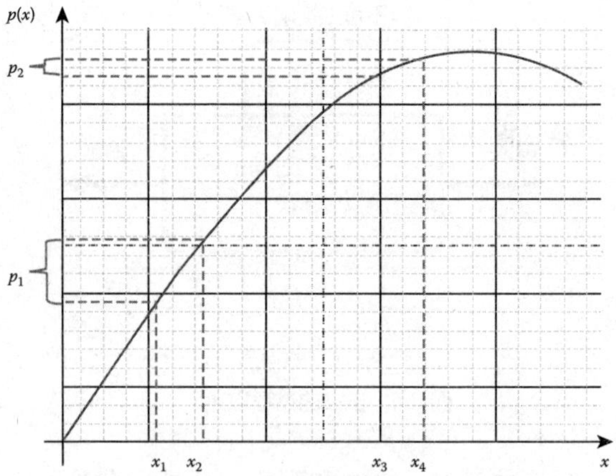

图 7.2 参数$p(x)$随内部或外部因素（x）的改变

的目标是在质量和价格之间达到特定的平衡。

这里重要的是，仅需通过一些需要测试的控制因素就可以优化整个产品。这些因素是通过实验和对其结果的分析来确定的。田口方法提供的实验次数少于其他方法。

不幸的是，这是定义实验的复杂方法，导致在设计人员中不那么受欢迎。然而，这是目前满足设备RE要求的唯一设计方法。

六西格码设计（DFSS）是另一种非常流行的方法，尤其是在美国。它是“六西格码”方法的一部分，涉及如何设计所需产品的方法。设计应在符合六西格玛标准的容差范围内提供设备。但是我们在这里需要小心。

DFSS一直被用作“设计能够在制造过程中提高生产率，并改善开发更快和成本更低的产品”的营销手段。DFSS还经常与基于价值的管理联系在一起，使其成为纯粹的经济类别。我认为，在DFSS中使用六西格码的所有工具和方法可以在提高生产率的同时提高产品质量。

由于我们谈论的是要求复杂且有时矛盾的复杂设备，因此需要一个在各个感兴趣的使用领域都有专家的团队。DFSS是一种先进的方法，因为它在过程和产品的测试中实现了所有已知的工具和方法。

整个过程从差异分析开始，差异分析用于定义我们的需求缺失。之后，按照缩写为DMADV[①]的五个步骤（定义、测量、分析、设计和验证[②]）实施设计过程。这里有趣的是（与田口设计方法相反），DFSS并没有专用于每个步骤的特定方法，而是允许使用设计人员选择的任何适用方法。

“定义”步骤需要描述项目目标（韧性和弹性），并制订有关如何执行设计以及何时完成设计的计划。“测量”步骤需要确定满足设备预期用途的规范。“分析”步骤将寻找有关如何构造和建造设备的解决方案。“验证（确认）”步骤实际上是设备在其自然工作环境中的最后测试点，将证明设备完全符合要求。

7.4 RE和人力资源

在前面的部分中，我解释了RE是处理复杂系统的方法。我提到技术在进步，人类使用它来改善生活。但真正的问题是：技术在多大程度上解决了人类的问题，又在多大程度上使人类的生活复杂化？我对这两个问题的回答都是：非常大！

技术极大地改变了我们的生活，并改善了我们生活的方方面面。30年前，我们没有今天这样的机会。只要看看传播和交换信息的机会，就能意识到技术发展的速度有多快。互联网不仅促进了经济（市场营销）和我们的社会生活，而且还促进了科学发展。今天的世界就像一个地球村！

同时，技术产生了许多问题，特别是对人类而言。技术通过使我们的生活更加复杂而让我们的生活变得更简单。我称之为“甜蜜悖论”！

技术通过新的视频通信设备帮助人们轻松地看到其他人。它为人们带来了新的工具，使人们可以看到如何处理这些工具及其组件的规则。技术使人们可以轻松地交换有关任何事件的信息并传播消息。这是发生在家中的情况，同样

① 在互联网上的一些文献中，我找到了首字母缩略词PIDOV，代表计划、识别、设计、优化、验证。

② 在有的文献中，可以找到“确认（Validate）”一词，而不是“验证（Verify）”。如果我正在检查需要满足要求的东西，我就将使用“确认（Validate）”；当我正在检查需要满足某个标准或法规要求的东西时，我将使用“验证（Verify）”。

的事情也发生在工业界。例如，与30年前出版一本书相比，今天出版一本书简直就是小菜一碟。许多传统上由制造业完成的事情如今已经由计算机来完成，所需的付出也少了。30年前，我的电视上只有两个频道，而如今，有了卫星，我至少拥有600个频道，全都可以免费收看。

但是，人们可以看到这些复杂系统背后的专业知识吗？他们是否意识到组件之间需要协同交互以及需要协调或同步？有必要投入新的精力来处理这些事情，因为如果复杂的系统改变了我们对现实的认知（比如过去很难做到的今天很容易实现），则我们也需要改变对它们的态度。

简而言之，我们需要更多的教育，以了解这些复杂系统内部和外部的情况。我们需要适应这些系统的各个方面，以使它们实现其目的。因此，如果我们想有效且高效地处理这些系统，则需要更多的学习来提高我们的知识水平，需要更多的培训来提高我们的技能。

但是，每个人都能实现这些进步吗？我对此表示怀疑。

复杂系统的背后是复杂的科学。并非所有人都能够理解这门科学，因为他们无法看到全局。RE寻找同时具有韧性和弹性的系统。

在管理系统中，我们可以通过设计使设备具有韧性和弹性。还可以开发程序来提供处理意外事件更大的自由度，尤其是通过备份和应急计划。但是，人是创建管理系统的因素，而程序只是他们对系统应是什么样子的认知表达。

RE可以由具有以下能力的人设计、安装和维护：能够识别专业知识的专家、了解复杂性和适应性的人、具有人类的行为知识的人，以及勇敢坚韧的人。这些人必须具有“天赋”，并且必须继续发展这种天赋。我们在体育运动中已经遇到了这样的情况：由球探招募有天赋的年轻运动员，并使他们参与及时的培训计划，以激发他们的最佳水平。所有这些都给人力资源（HR）带来了问题。

让我们回到称为“公正文化”的安全概念。我在本书的第3.3节中谈到了这一点。我提到必须在公司的员工之间实施安全文化。但说实话：是否有可能为所有员工实施一种特定的行为模式。完全不可能！总是会有接受过不同程度的教育和文化的员工，从而对公司的社会和道德结构产生不同的态度和理解。因此，选择员工必须与公司的性质联系起来：每个员工都应具有特定的技能、培训、教育和个性，以应对公司的政策和工作任务。

几年前，当我研究公司选择员工的方法时，我成了负责人力资源的领英小组的会员。在我访问了其中一些小组后，选择加入了一个对我来说看起来不错的小组。我阅读帖子和评论，这些帖子和评论充满了有关如何选择合适候选人的方法和工具的建议。但是，读完后并没有使我对这个问题有更多的了解。有一次我想出一个主意！我以“史蒂夫·乔布斯与人力资源”为题发起了自己的讨论。该帖子的内容如下：

> 史蒂夫·乔布斯是多年前创立公司的人。他被赶出了自己的公司，回来后让公司的股票交易价值提高了300倍，使其成为有史以来世界上最好的公司！
>
> 史蒂夫·乔布斯这样的人有机会通过你的方法、工具和面试吗？你能认出史蒂夫·乔布斯这样的人并提供给公司吗？

你知道我的帖子收到了多少条评论吗？没有！

原因很简单：论坛管理员立即删除了我的帖子！我认为原因可能是根据“小组政策”这是不合适的，并且可能在小组会员之间造成混乱。老实说，我没想到会发生这种事情。我以为评论会与我对人力资源的理解背道而驰，其中一些甚至可能会道歉，但是我从没想到那位把人力资源描述为“一门科学和艺术”的帖子也会被删除。

删除帖子后，我得到了我的问题的答案：不！任何公司的人力资源部门都无法推荐史蒂夫·乔布斯！

当今的人力资源部门选的都是平庸的人，只能为你提供一个按照经理所说的而行事的人，仅此而已。没有创新的人能满足当今对好工人的理解。世界上只有5%的公司对候选人进行智商和心理测试。像史蒂夫·乔布斯这样的人必须自己奋斗才能取得成就。即使这些人成功了，也有一些人会解释说，这种情况百年一遇！民主使每个人都有机会表达自己的意见，但这不会使你变得更聪明。处理复杂的系统意味着我们需要人们具备理解这些系统的能力，并且这与特定的人的技能和个性有关。没有人知道，当我们谈论“资本”一词的经济含义时，我们可以说：只有想法才是资本，其他一切都只是钱。而想法来自聪明的人！

在第 2.5 节和第 3.9 节中，我列举了那些本应很好执行质量和安全特征的公司对质量和安全的基本假设存在的误解。如果我们了解质量和安全，我们就不会对此一无所知。我们会找到合适的人来做这项工作，并且我们会从中受益。经理们应该向人力资源部门提出一个简单的问题：如果你遇到了威胁生命的健康问题，你会去找拥有 30 年行医经验的医生还是随便找一个医生？

我对他们的下一个问题：那么，你为什么要为公司聘用好的质量经理或安全经理？

答案应该是：出于与我们在足球俱乐部中寻找好的球员和好的经理相同的原因（如果我们想要成功的话，这是正常的），我们应该寻找好的质量经理或安全经理。但是，没有人知道一个好的质量经理或安全经理就像NBA的勒布朗·詹姆斯或科比·布莱恩特一样。他可以为你的公司做大事，但你必须为此付账。这并不是一项每个人都能完成的工作，需要一些天赋、知识、奉献精神和理性！

在开始写这本书之前，我调查了互联网上安全－Ⅱ和RE的情况。我在领英上的几个安全小组中发布了一些评论，以讨论有关RE在工业中的实际实施情况，在几周内仅收到了 4 条评论。我对讨论的答复感到失望，并认为原因是RE在安全领域中并不为人所知。我以前关于“正常”事物的讨论收集了不少于 40 条评论，而现在只有 4 条评论。尽管如此，这些评论还是非常有用的。他们指出了我已经考虑过的问题。他们认为人是RE的最大问题。其中一项评论特别针对管理者，因为他们正在制定“愚蠢的”程序。该评论指出，有很多训练有素、熟练和聪明的员工，但是没有人使用他们的专业知识和能力。还有一个评论者指出，他有机会看到的一些手册比漫画书更好：它们可以用来娱乐，而不是工作。所有评论者都强调，机器可以具有恢复力，但是在我们建立具有恢复力的人员团队之前，具有恢复力的设备是徒劳的。

通常，有一种观点认为，负责安全关键系统的设计、操作和维护的员工的能力和动力是抵御各种风险的第一道和最后一道防线。这是因为统计数据表明，在没有特殊动机和奉献精神的情况下，人的行为（通常是正常的、可预测的和可重复的）很容易导致引发征候和事故的不安全行为。

那么，为什么人力资源公司在寻找这样的人才方面缺乏奉献精神呢？为什么他们不追求质量和安全方面的“勒布朗或科比”呢？

不幸的是，我无法为你提供任何答案。

我在某处提到设备的完整性和可靠性要比人类更好。请记住，设备是由人设计、生产和操作的，有这么一个问题：人类生产出比自己更好的产品的能力是什么？主要原因是设备不会表现出基于过去事件的行为。人的行为与“因果概率”密切相关：如果我昨天经历了一次压力大的事件，那么我的夜间睡眠很有可能会受到影响，明天我将无法专注于自己的工作。而且，人容易疲劳，这对他们来说是一个很大的压力①。当然，并非所有人都会对这些压力产生相同的反应。并非所有人都以相同的方式受到压力和疲劳的影响，也不是所有人都能很快恢复。这取决于人的个体特征，并非所有人都一样。因此，我们需要选择“适当的”，这就是为什么我们不能在人力资源中应用“民主”的原因！

但是情况并没有那么糟糕。我们通过特殊的心理和身体测试来选择飞行员和空中交通管制员，以表征他们未来可能的行为。我们使用这些测试来评估他们是否能够应对职业压力。但是，我还提到，系统在我们的正常生活中变得越来越复杂，而自相矛盾的是，当选择人员来处理这些复杂系统中的压力时，我们并不认真。照顾复杂的系统需要员工具有特殊的知识和专长，并辅以心理和心理技能。如今，公司人力资源部门通常不会在招聘过程中通过测试来调查这

① 设备容易磨损。

些方面，而只是信任论文（文凭、证书等）和良好行为。

如果人没有恢复力，我们可以建立RE系统吗？ 我不知道，但是显然RE应该从人力资源开始！整体、全面的招聘方法是整个概念成败的关键。

7.5 系统中的共振

RE处理的复杂系统无法使用线性来解释系统的行为和功能。RE学者使用的解释是，系统的正常功能基于系统内部参数的可变性，这是由参数之间的内部相互作用以及参数与环境因素之间的外部相互作用引起的。他们假设可变性是周期性的，但是对于不同的参数具有不同的频率。因此，有时这些频率可能会在共振中自行调整，并导致“坏事情发生”。

但是，RE学者对这种共振有一些错误的假设和解释。

在物理学中，共振是两个或多个具有相同频率和相位的电磁波或声波的组合的增强。一些研究安全的学者将噪声作为随机共振的一部分。在噪声的影响下，他们认为参数的可变性（请参见第6.3节）会影响每个过程的执行。假定过程正在执行系统中的特定功能，则这种共振叫作功能谐振①。然而，这种噪声本质上是随机的，通常是微弱（阻尼）的，并且具有许多频率和相位。因此，在系统中噪声（功能）与其他事件之间的随机（功能）共振可能会产生意外事件。②

但是，只有在系统设计不良的情况下，才会发生这种情况。设计良好的系统将不允许噪声上升到足以将系统推到边界之外并产生意外事件（不安全事件或事故）的可能性。即使发生这种情况，也可能不是由于系统故障，而是由于外部环境的异常影响。

① 因为它来自系统功能之间的交互。

② 意外事件可能是事故、征候、差错或不安全行为。

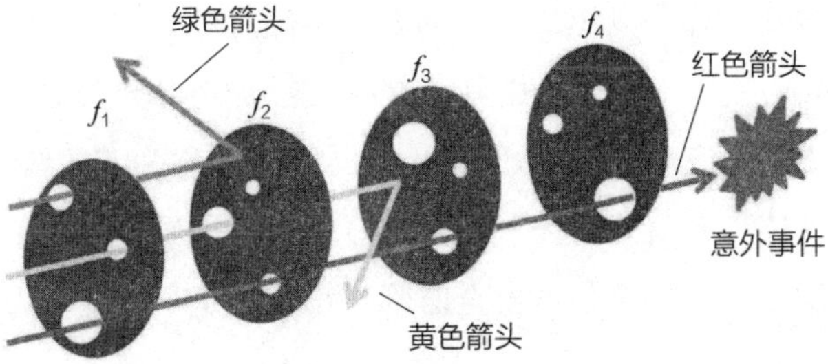

图 7.3 奶酪模型

正常的共振也会产生异常事件，这由瑞士奶酪模型表示①（图 7.3）。

奶酪模型由动态系统正常运行与意外事件（征候和事故）之间存在的大量屏障组成。如果我们将这些屏障视为动态的，那么它们也很容易发生变化，并且假定这种变化发生在特定频率下，不同屏障的特定频率（频率f_1至f_4）不同。甚至这些频率都是"调制的"，这意味着它们具有一个中心频率及围绕中心频率的频率范围，因此同一屏障的可变性频率并不总是相同的。在外部环境或者内部潜在环境的影响下产生变化（如$f_1 \pm \Delta f$）。两种环境（内部和外部）都会对这些频率产生影响。内部环境的影响来自系统内部过程的参数的可变性，外部环境的影响来自系统外部的可变性。

奶酪模型的有趣之处在于，尽管它是一个因果模型，但它提出了多种原因，需要这些原因对齐（在图 7.3 中，有 4 个!）才能发生事故。因此，奶酪模型处理复杂的系统，在该系统中，事故不可能只有一个原因，有必要对其中的一些进行适当的对齐（共振）。

奶酪模型的这种解释可以与Bow-Tie模型的一部分的故障树分析（FTA）和事件树分析（ETA）协同工作（请参阅第 3.6 节）。在故障树分析模型中，图 7.3 的原因可以表示为逻辑"与"门，其中所有 4 个都存在于输入中。说到事件树分析，我们可以将其用作屏障，如果有足够的数据用于描述屏障上的洞，则我们可以使用它来计算概率，其准确度取决于可用数据的准确度。别忘

① 它是 20 世纪 90 年代由詹姆斯·瑞森教授提出的。

了我们在谈论概率和作为其组成部分的整体不确定性。

美国联邦航空局（FAA）在其人的因素分析与分类系统（HFACS）[①]中使用了奶酪模型。FAA奶酪模型有4个屏障（被称为“防线”），并且被用作对人和组织差错以及有意或无意的违规行为进行因果关系调查的工具。第一个屏障是组织影响，第二个是不安全监管，第三个是不安全行为的前提，第四个是不安全行为。

但是，这些屏障并不完美，它们处理的是与“已知压力”有关的风险。简而言之，我们不能为“未知压力”设置屏障。我们利用系统的弹性对付它们。作为屏障缺陷的一部分的潜在风险以屏障上的“洞”来表示（类似于瑞士奶酪上的洞）。有时，风险可以击中屏障上的“洞”而穿过屏障，但它们会在下一个屏障处停住（黄色和绿色箭头）。事实表明，有时候，可能会出现正常的共振情况，当具有不同频率和相位的屏障仅仅与“洞”对齐时，风险将越过屏障（红色箭头）并发生意外事件（征候和事故）。

对于证明正常共振导致的意外事件发生的可能性低于随机共振（如果系统设计合理）导致的可能性方面的数据，我并不熟悉。

7.6 功能共振分析模型（FRAM）

7.6.1 FRAM理论

还有另一个模型使用所谓的功能共振（由Erik Hollnagel教授提出）来分析复杂的（社会技术）系统中的事故，称为功能共振分析模型（FRAM）。

此模型中的功能共振定义为由于系统中多个过程（或活动、事件）的有意或无意相互作用而出现的事件。该事件是由于设备、人员（个人和集体）以及

① 实际上，在美国，HFACS不仅用于航空，而且还用于海洋工业、采矿、医疗保健、建筑、石油和天然气等。

程序的近似行为而导致系统各组成部分的可变性组合的结果。

FRAM专门用于复杂的系统中的事故，在这些系统中，大量的组织和人的可变性是“未知压力”。原因是现代系统和需要解决的社会组织问题的复杂性。该模型在过程中的不同组成部分之间建立了互连（相互作用）（图 7.4）。

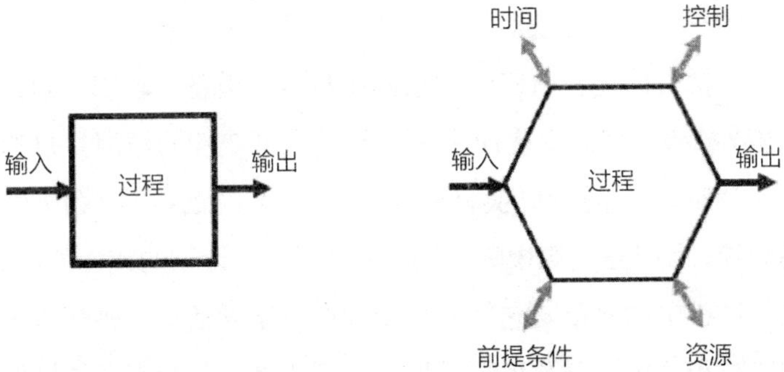

图 7.4　线性过程符号（左）和FRAM过程符号（右）

图 7.4 的左侧是用于大量线性系统分析的过程线性模型。这实际上是一个包含将输入转换为输出的活动的框。框中的每项活动均应独立于外界。过程之间的连接是通过将前一个过程的输出与下一个过程的输入进行连接来实现的。在此模型中，我们不分析框内将输入转换为输出的活动，因为我们仅考虑框（过程）之间的交互。我们假设过程受到控制和监视，为特定输入提供特定输出。

但是，RE是基于公司内部的复杂关系（它们之间相互作用），复杂系统的过程如图 7.4 的右侧所示。在这里，我们不仅有一个输入和一个输出（黑色箭头），而且还有四个额外的输入/输出（灰色箭头）。这些双向箭头是处理过程的前提条件、资源、时间和控制的组成部分。显然，对于每个系统，这些都是过程功能的一部分，我们不能忽略它们。这里重要的是，所有这些成分也是图 7.4 左侧所示线性模型中过程的一部分。出于RE的目的，将它们从框中移出的原因是，它们作为过程中的额外可变性被监视、分析和控制。将其从框中移出实际上可以提高系统的分辨率，因此可以使用更多详细信息进行分析。

前提条件必须存在，没有前提条件，该过程可能就不会开始。最重要的是，为过程准备前提条件通常比过程本身持续更长的时间。美国航空航天局准备 14 年（1961—1975 年）执行登月任务，而“执行”（登月）持续 8~10 天。

时间实际上是由该过程的程序确定的。如果未遵循过程中所有活动的协调时间（时间表），则过程中的时间是可变的。时间对于所有的开始和结束活动都是至关重要的。因此，必须对其进行严格的监视和控制。

资源是指要执行的过程所需要的东西（材料、设备、功率、熟练的操作员等），并且随数量和质量的变化而变化。有时，可变性的原因是过程中使用的材料不可用，因此我们需要更换材料。有时，由于操作员缺勤（假期、疾病等）而出现问题；有时是电源中断；有时是定期的、计划的或偶然的维护等。

控制也是过程中的变量。它们的可变性取决于对活动（过程内部和外部）当前状态的监视和分析，以及为将过程引导到正常运行而采取的措施。

框架的“精华”在于，该方法的一个重要部分是理解系统的功能，而不仅仅是系统的结构。我们先尝试建立系统的真实结构，然后找到其功能。这些功能之间的交互存在于内部（过程内部）和外部（与其他过程）。这些交互（过程之间）通常是有意或无意的。如果交互是无意的，则将它们称为噪声，而不会区分这些交互是来自环境（内部或外部）还是内部过程。

7.6.2 FRAM是如何工作的？

复杂的系统由许多过程组成，这些过程之间实现了复杂的交互。因此，要找到复杂系统正常状态的功能，我们必须为每个过程提供一个特定的FRAM符号，并连接FRAM符号（过程），同时要注意其可靠性（输入/输出关系）以及它们之间的相互作用。然而，仅FRAM图是不够的。每个过程都需要一个表，其中对输入、输出和其他组成部分进行了更详细的说明。

因此，FRAM的过程始于对系统中包含的过程及其内部功能的定义。为此，我们可以使用表格。表格将在以后帮助我们创建一个图表，以显示过程和

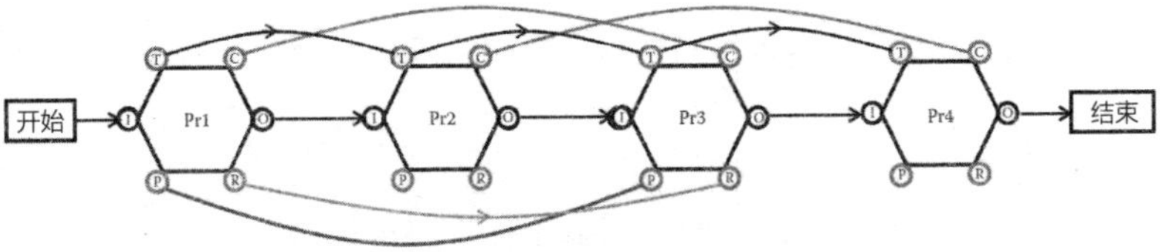

图 7.5 购买家用品系统的FRAM图

功能之间的连接。现在我们必须描述特定功能的可变性。使用该图，我们可以尝试寻找可能因特定功能而引起的功能共振。这些功能共振是系统中的薄弱环节，我们需要通过屏障来保护它们。

图 7.5 显示了FRAM图，我把这个例子称为“购买家用品”系统。让我们看看该系统如何使用FRAM运行。

我已经确定了系统中的四个过程（Pr1 至Pr4）：

Pr1 前往超市；

Pr2 采购用品；

Pr3 从超市回家；

Pr4 储存用品（在我的家里）。

确定过程后，我需要定义和解释表 7.1 中每个特定过程的活动。从表中可以看出，过程输入和输出以及所有其他组成部分都在特定的列中以不同的颜色显示。稍后我们还将制作FRAM图（图 7.5）。我们可以注意到，不仅输入和输出之间有连接线，而且时间、控制、前提条件和资源两两之间也有连接线。控制连接在Pr1 和Pr3 之间以及Pr2 和Pr4 之间。这样做的原因是因为它们是相同的控件，并且它们之间存在交互。另外，因为通常使用相同的交通方式，所以连接了过程 1 和 3 的资源和前提条件。通过箭头进行连接，因为来自一个过程的资源（汽车、汽油）被转移到下一过程。对于所有四个过程，时间也是相关的，因为一个过程的输出变慢会导致下一过程的输入变慢。因此，时间连接的箭头显示了时间表中时间的变化方向：如果Pr1 中存在延迟，则此延迟将导致Pr2 和Pr3 的时间延迟。

表 7.1　FRAM过程详情

序号	过程	输入	输出	时间	前提条件	资源	控制
Pr1	前往超市	开车前往超市	到达超市	不固定，早上约 15 分钟车程	车必须工作正常；且有充足的油	车；汽油	车的人工控制
Pr2	采购用品	用品可获得	采购用品	我需要的用品量	我有足够的钱（信用卡）；超市营业	钱（信用卡）；用品清单	用品的目视控制
Pr3	从超市回家	开车回家	返回家中	当Pr2 完成时，约 15 分钟车程	车必须工作正常；且有充足的油	车；汽油	车的人工控制
Pr4	储存用品	用品	用品放置到位	取决于用品的量	我的冰箱有充足的空间；储藏室已准备好	冰箱；储藏室	位置的目视控制

表 7.2　过程 1 的可变性

可变性的类型		对输出的影响	说明
输入	最佳	正常输出	
	低	非正常输出	输出差。汽车有问题或者交通太拥挤，所以我去超市要花更长的时间。
	高	非正常输出	路上没车，但我需要注意不要超速和留心突然冒出的车辆。
时间	按时	正常输出	
	提前	正常输出	
	推后	正常输出	
	从未	过程停止	过程将不会开始。如果我没有时间，我就不去。取消了，改天再去。
前提条件	执行	正常输出	
	部分执行	非正常输出	缺了点什么。需要进行额外的分析，以确定是否有可能进行该过程以及需要执行哪些额外的措施。
	缺失	过程停止	过程将不会开始。需要进行额外的分析才能重新开始该过程。

续表

可变性的类型		对输出的影响	说明
资源	存在	正常输出	
	部分存在	非正常输出	需要进行额外的分析才能找到输出结果。
	缺失	过程停止	过程将不会开始。需要进行额外的分析以澄清资源。
控制	最佳	正常输出	
	太低	非正常输出	需要进行额外的分析才能找到输出结果以至无法执行。
	太高	非正常输出	过程的实施将会太迟或太贵。
	缺失	过程停止	过程将不会开始。需要进行额外的分析以找到缺失的原因。可能重新配置该过程。

在FRAM图中，我们可以注意到线性不适用于复杂系统。此处，过程 3（Pr3）的输出状态将取决于输入I、T、P、R和C的情况。因此，这五个输入之间的组合和相互作用将产出Pr3 的输出O。在线性模型中，只有输入I负责输出O。

图 7.5 展示了系统的正常状态。如果发生意外事件，将使用此图进行调查。

为了准确描述采购用品的系统，我制作了四张表（表 7.2 至表 7.5），其中显示了所有输入的可能可变性。如果经验表明表中的数据未描述实际过程的行为，则表中的数据可能会发生变化。因此，不间断的监视和不时的特殊调整是系统操作员的义务（在本例中为我本人！）。

表 7.3 过程 2 的可变性

可变性的类型		对输出的影响	说明
输入	最佳	正常输出	
	低	非正常输出	一些用品缺失。过程将部分完成。
	高	正常输出	
时间	按时	正常输出	
	提前	正常输出	
	推后	正常输出	
	从未	过程停止	如果没有时间采购，则过程将不会开始。
前提条件	执行	正常输出	
	部分执行	非正常输出	如果我没有足够的钱，则过程将部分完成。
	缺失	过程停止	超市关门了或者我没带钱（钱包在家中）。过程将不会完成。
资源	存在	正常输出	
	部分存在	非正常输出	我把用品清单忘在家中，只能凭记忆采购。过程将部分完成。
	缺失	过程停止	我没带钱(信用卡)(钱包在家中)。过程将不会完成。
控制	最佳	正常输出	
	太低	非正常输出	我忘记购买某些用品。过程将部分完成。
	太高	非正常输出	由于我在看清单时犯错，有些用品买重了。
	缺失	过程停止	

表 7.4 过程 3 的可变性

可变性的类型		对输出的影响	说明
输入	最佳	正常输出	
	低	非正常输出	输出差。汽车有问题或者交通太拥挤，所以我回家需要更长的时间。
	高	非正常输出	路上没车，但我需要注意不要超速和留心突然冒出的车辆。
时间	按时	正常输出	
	提前	正常输出	
	推后	正常输出	
	从未	过程停止	除非我在超市出了意外。
前提条件	执行	正常输出	
	部分执行	非正常输出	缺了点什么。需要进行额外的分析，以确定是否有可能进行该过程以及需要执行哪些额外的措施。
	缺失	过程停止	过程将不会开始。需要进行额外的分析才能重新开始该过程。
资源	存在	正常输出	
	部分存在	非正常输出	需要进行额外的分析才能找到输出结果。
	缺失	过程停止	我的车被盗或者没油了！我只能乘坐出租车。
控制	最佳	正常输出	
	太低	非正常输出	需要进行额外的分析才能找到输出结果。
	太高	非正常输出	过程的实施将会太迟或太贵以至无法执行。
	缺失	过程停止	过程将不会开始。需要进行额外的分析以找到缺失的原因。可能重新配置该过程。

FRAM开始变得非常流行。有一些在航空和医学中使用FRAM的研究。但是，在我看来，这更像是一种时尚，而不是表达使用它的好处。也许它比故障模式和效果分析更先进、更优越，但是从我有机会阅读的有关FRAM的内容中，我还没有发现故障树分析无法提供和计算的任何内容。相反，我认为故障树分析更好，因为它使用了布尔代数的符号和计算，这不仅给出定性的表示，

而且还给出了非常准确的[①]定量表示。

表 7.5　过程 4 的可变性

可变性的类型		对输出的影响	说明
输入	最佳	正常输出	
	低	非正常输出	无影响。一些用品缺失，一些用品在。
	高	非正常输出	无影响。所有用品可用作输入。
时间	按时	正常输出	
	提前	正常输出	
	推后	正常输出	
	从未	过程停止	其他操作员（我的妻子）将完成过程。
前提条件	执行	正常输出	
	部分执行	非正常输出	一些用品将最终在另一个地方（在储藏室而不是在冰箱中）。过程部分完成。
	缺失	过程停止	系统设计成不会发生这种情况！
资源	存在	正常输出	
	部分存在	非正常输出	一些用品将最终在另一个地方（在储藏室而不是在冰箱中）。过程部分完成。
	缺失	过程停止	系统设计成不会发生这种情况！
控制	最佳	正常输出	
	太低	非正常输出	一些用品将最终在冰箱而不是在储藏室，反之亦然。
	太高	非正常输出	无影响。处理所有用品。
	缺失	过程停止	一些用品将最终在冰箱而不是在储藏室，反之亦然。

7.7　RE实践

一些不太为人所知的意外事件由于环境变化而发生，因此会出现新的危

① 故障树分析使用概率进行计算，在谈到准确性时，不要忘记概率！

险，或者至少会带来频率和严重度变化的风险。由于这些原因，无法预测系统的弹性，也无法从所有可能的情况中挽救系统。但是，如果弹性是可适应的，那么情况将大不相同。

当系统内缺乏监视时，无法将这些新的危险转化为风险。这就是必须对情况进行连续监视的原因。但是，即使连续监视也无法检测到这些不明的危险，这些不明危险正以未知的压力破坏系统。

可以通过构建一个功能稳健（有韧性）且具有足够弹性以适应功能各个方面变化的系统（组织），来保持对未知压力的预防。这是RE可能实现的管理者的梦想。

通常，RE从系统的设计过程开始。如果在设计过程中（由于错误或缺乏知识）遗漏了某些东西，可以在以后消除或缓解，但是通常来说，构建有韧性的系统始于设计系统的所有元素。

但是，该过程并不止于此！系统监视以及过程、活动和功能的特定调整必须始终适用。我将系统定义为人、设备和程序的集合，但是这个定义太简单了，仅处理这三个要素的相互作用。人们对程序和设备的理解也存在差异，因此这些差异在很大程度上导致了发生不正常事件的可能性。

尽管先前对系统的定义已达到处理质量管理体系（QMS）和安全管理体系（SMS）的目的，但它已经过时了。正如我之前所解释的，当系统变得更加复杂时，这三个元素的相互作用也将变得更加复杂。需要考虑的另一个因素是系统与外部因素（外部环境）之间的相互作用，这并不是那么简单。

通常，RE致力于系统内部功能的组织方面，其中（请记住，人是任何系统的一部分）特别关注人与组织功能之间的相互作用。但是，在RE中不能忘记设备的作用。我们需要记住，我们正在使用设备提供的自动化来消除人为差错，因为设备的可靠性比人的可靠性要好得多。因此，设计有韧性和弹性的设备将使RE系统的设计更容易。

但是我们如何知道设备的韧性和弹性呢？

当然是通过测试！

然而，这实际上是问题所在。目前，通过将设备的特性与特定设备的容差进行比较来完成对设备的测试。准则很明确：如果设备的特性在内部容差之内（在规范下限和规范上限之间），则设备通过测试。测试的另一种方法是仿真，但其有效性取决于输入仿真的数据有效性。当谈论具有许多未知因素的新设计时，我们通常会对用于测试的数据的完整性产生疑问。

因此，最好的方法是进行测试，而不是针对容差。要查看极限值，我们必须首先测试设备。一旦超过限制，我们就可以假定这是设备韧性的限制。由于设备的可变性，我们需要对其进行统计测试，并确定平均限值和标准偏差。为此，我们显然需要破坏许多设备才能提供完整的统计测试。这样做成本昂贵。

说到弹性，情况就有些不同了。当设备达到韧性限值时，需要将其切换为弹性模式。这似乎不是一件容易的事。解决方案之一是，当设备达到韧性的平均限值时将其关闭，并发出警告，指出情况很危急。这意味着设备不可用，所以整个系统必须停止。

工业中还有另一个测试领域，称为无损检测（NDT），在高科技行业中非常流行。

但是它能找到极限吗？

它可以确定弹性吗？

我真的不知道。我拥有计量学硕士学位，但是无损检测不是我的专业，因此我将避免发表评论。

这可能是过去没有开发RE的原因。

人们已经考虑过，但由于价格太高，决定不再继续使用它。但是，这是发展的基础，还有许多工作需要做。

7.8 使用RE建立安全- Ⅱ

创建一个既需要韧性又需要弹性的系统始于设计系统！设计应该从系统所处的情境开始，然后所有组成部分都必须有韧性和弹性。

设计的所有步骤实际上都是质量步骤：我们正在努力达到可以达到的最佳效果，并希望它“永远持续下去”。实际上，这是质量-Ⅰ的理想关键绩效指标（KPI）：“产品应具有出色的功能，并应永久保持。”

在每个设计过程中，安全都排在后面。这是安全-Ⅰ，即基于风险管理的安全，它使用过去的数据来计算风险。但是，设计者正在设计新的东西，他们没有足够的数据来计算新产品中将出现的实际风险。他们知道对事物前进的方式有什么要求，他们也知道这种新设计的使用环境。因此，设计者要假设风险值。这意味着设备长时间使用（自然）是不安全的。如浴缸曲线（第 5.6 节）中所述，“对设备所经历的错误进行调查，得出的结论将有助于提高安全性”。

首先，让我们看看如何创建一个普通的管理体系。

我们要创建的管理体系必须满足以下条件：

- 提供管理政策和目标。
- 定义公司内部和外部的结构和相互联系。
- 提供有关如何执行所分配工作的规则（适用于每个人）。
- 提供资源、材料、半成品和产品流的规则和路径。
- 定义执行、命令和决策的责任和层次结构。
- 提供信息共享的规则。
- 提供公司内外沟通的规则。

假设我们想创建一家公司，并且需要从头开始。在确定了我们将创建哪种类型的公司以及将生产什么（产品或服务）之后，我们将寻找人员、设备和程序。可以购买设备并雇用人员，但是程序呢？

实际上，程序是管理体系（MS）的主要部分。通过创建程序，我们正在创建管理体系。正如我在本书开头（第 1.5 节）所说的那样，这些程序将设备和人员连接到了管理体系中。

在创建体系时，我们必须首先确定管理体系将管理的过程。我们必须定义过程以及它们实现我们的目标所必需的主要功能。此外，我们还必须注意系统内过程之间的交互以及与环境之间的交互。因此，我们需要对负责公司运营的主要过程的交互和集成进行评估。需要定义关键绩效指标，以客观地衡量进度，并使整个公司范围内的系统易于执行和具有便利性。所有这些都可以被程序涵盖。

因此，要创建体系，我们需要创建定义它的体系程序①。这些程序系统地描述了有效执行关键业务功能的方法，并为有效决策提供工具和数据。

设计是必须对系统进行广泛测试的阶段。我们知道如何测试设备以确认或验证可靠性，但是我们如何测试管理体系（组织）？

由于无法在实验室中执行该系统的测试，因此需要在受控的环境中对其进行监视和调整，以进行测试。我们必须在现场进行控制，查看系统如何运行。为了防止在测试过程中发生"坏事情"，必须准备应急计划或备份。但是，真正的问题是：我们需要测试管理体系吗？我知道实际上没有人这样做。尽管如此，管理体系的测试是通过监视其正常工作、预先考虑并寻找随时间而产生的冲突来完成的。

这是创建系统的正常方法，它也适用于RE。执行上述步骤，但是系统程序也应处理韧性和弹性。系统程序的设计应最大限度地发挥人的工作潜力。它们需要从员工身上激发最好的东西，从而使他们有机会运用自己的知识和技能。应要求对员工进行特殊教育，并为他们提供特殊培训。一个系统不应该是官僚的，而必须具有"人性化"的特征。监督活动必须实施"公正文化"方法，以帮助员工提高自身素质，避免产生过大的压力。公正文化的概念必须以生活为基础，而不是规则！我将再次提到Google的方法，这是组织中一个很好的RE的例子。

---

① 还有另一种类型的程序，称为"操作程序"（第1.5节），该程序处理过程的执行（用于产品生产或服务提供）。

7.9　但是……

总会有一些“但是……”。

许多当前和过去的质量、安全、风险、可靠性或恢复力等理论都曾经存在（并具有）许多问题，使我们无法真正了解事故是如何发生的以及如何消除或缓解事故的机制。这些理论在现实中非常成功，并且确实为减少事故及其后果做出了贡献。我们根本不能否认这一点！

因此，真正的问题是：RE真的具有革命性吗？

真的带来了未知的东西吗？

我不这么认为。

RE的理论（处理正确的事物而不是错误的事物）过去已经在质量- I 领域中进行了评估。如果你看本书的第 5 章，你会发现几乎所有事物都已经为科学所知。

让我们举一些例子。

1. 在日常生活中处理正常变量时，我们会遇到没有特定原因的意外事件（因为我们认为没有原因！）。为了防止这些事件，我们会不断监视和调整系统。这是将近 40 年前实施的改善原则。

2. 在第 5.6 节中提到可靠性时，我提到它是在设计过程中构建的，在原型测试过程中得到了改进，并在其整个生命周期中得到了维护，这意味着我们知道如何实现设备的特定韧性和弹性水平。

3. 田口方法可以提供处理复杂系统中内部和外部可变性所必需的设备韧性（表示为稳健性）。

4. 正如我在第 2.8.1 节中所说的那样，当谈到测量系统分析时，重复性和再现性研究了由不同的测量设备和不同的操作员进行的测量变化（质量控制所需）。它分析了设备类型间的可变性以及人的行为可变性，并将结果纳入最终的测量“判断”中（对于质量管理体系和安全管理体系都是必需的）。

5. 在谈到生命线时，我解释说最高管理者监视正常情况并执行一些活动以防止异常情况并提高公司的整体能力。实际上，管理者之所以存在，就是为了在“旋涡”中对公司进行（日常）管理，并“听从他们的直觉、经验和知识，采取行动”。这是RE的一部分。

6. 无论采用哪种建模过程，其分析始终取决于分析人员（具有各种优点和缺点的人！）的理解、知识、技能、经验和创造力。

7. 无论采用哪种过程建模，统计过程控制将始终适用，并且仍然是分析和处理过程中可变性的最佳方法。

8. 无论系统的设计是什么，都始终采用相同的设计过程。

9. 无论系统多么复杂，总可以用故障树分析来描述。

10. 依此类推。

RE真正所做的是将过去的所有好的事物与一种好的理论连接。

过去发生过类似的事情，我使用健身和六西格玛举例。

在20世纪80年代，以“健身”为名兴起一股“呵护身体”的新潮流。数十年来，用于塑造身体健康的运动与音乐相关联，全世界的人们都对这种趋势充满热情。健身是出色的营销步骤。它没有带来任何新的东西。相反，这只是著名的身体锻炼和音乐的结合。严格来讲，我们可以说95%是旧观念，而5%是新观念。尽管如此，它仍然是改善你的身体和健康的有价值的方法，即使在今天，它仍然具有其价值。

同样，在20世纪90年代，摩托罗拉推出了六西格玛方法。摩托罗拉带来了新的东西吗？一点也不！以不同的方式组织了已知的提高质量的方法（其中约25种），并推出了该方法。六西格码带来的主要改进是需要对六西格码的人员进行所有这些已知方法的培训。在六西格码之前，接受此方面的培训出于自愿，而且许多质量经理根本不熟悉评估和改进质量的方法。如今，六西格码已成为质量方法论的“梅赛德斯”。

这与RE类似。已知事物的组织方式有所不同，因此诞生了一种处理安全的新模型。

RE仍然是一个模糊的想法。这是新事物，需要在实践中加以证明。RE背后有强大的科学背景，但不要忘记，系统中的安全情境是非常实际的，而不是科学的！

尽管有前述内容，仍可以运用数学来科学地描述复杂系统。我们基于对系统的感知，创建一个数学模型。故障树分析是使用布尔代数的强大工具。系统内的所有过程都可以描述为相互依赖并通过特定概率在系统内部激活的变量函数。这些概率是有条件的，这会使计算更加复杂。因此，我们需要使用软件，但是同样，软件将取决于我们输入其中的数据。这意味着我们需要提供具有特定完整性的数据。对于旧系统，这很容易完成，因为我们已经有了相关的运行方式记录，但是对于新设计的系统，我们需要时间来生成具有完整性的数据。充满有关特定情况和行为的适当数据的特定软件可以解释系统的功能。牢记这一点，从理论上讲，我们可以按原样描述系统，但是总体工作量太大且太复杂。这样做会使我们失去系统所处的情境，我们需要一个为我们服务的系统，而不是将由我们服务的系统！

我的一个朋友的父亲曾经每5年更换一辆汽车。他非常专注于自己的汽车，而且所有汽车的状态都很好，但是每隔5年，他就卖掉旧车并购买新车。有一次我问他为什么这样做，他告诉我：

> 该车要为你服务五年！五年是一段时期，在这段期间，由于零件的磨损，汽车将开始经历不同的故障，这是你开始为汽车服务的时间。我需要汽车为我服务，而不是相反！另外，一辆使用了五年的优质汽车可以在市场上获得良好的价格，因此这是第五年出售的另一个原因。

我朋友的父亲通过遵循自己的理解，找到了一种在生活中的好与坏之间取得平衡的方法。这是我们通过复杂系统的数学描述而努力实现的目标：找到一种方法来处理它而不是服务于它。在努力实现服务与被服务之间的平衡时，RE是一种很有前途的工具。它实际上是质量-Ⅰ的工具。

在人或组织可能会犯错的过程中，建模是查找可能活动的好工具。这意味着我们必须在培训期间强调这些活动，并指出后果。这样，我们就可以告知员工在过程中特定步骤的特殊重要性。

遵循有关RE的理论，我们需要建立一个既有韧性又有弹性的系统，但是当今的系统太复杂了，只有在使用计算机的情况下，才能对系统进行全面监视。这意味着我们将给系统带来更多的复杂性，从而可能造成未来的危险并改变以前的风险。好像我们在转圈。

但不是真的！

让我给你举一个简单的例子，发生在我学电子学的第二年。教授正在谈论描述无线电波传播的麦克斯韦方程组。这是两个带有两个未知变量的微分方程，教授是从一个复杂的线性方程中得出的。使用两个微分方程（不易求解）而不是使用一个线性方程（容易求解）对我来说似乎很奇怪。我问原因，他只是微笑着向我解释。实际上，提出的线性方程很复杂，我们需要付出更多的努力才能解决，但是麦克斯韦微分方程很简单，求解起来也很容易。确实，数学分析证明了这一点！

通过使用更多的技术，我们实际上是在引入新的危险，但是这些都是已知的危险，我们可以轻松地控制或减缓与它们相关的风险。新技术实际上将问题从未知领域转移到了已知领域。复杂系统大致有两种类型：由内部少数活动的复杂性构建的系统和由大量简单活动构建的系统。因此，通过使用更多的技术，我们正在将“活动的复杂性”转换为“数量的复杂性”，而这种复杂性通常可以更容易控制。

RE应该是一种整体方法，但是显然需要对复杂系统进行分区，以实现对它们的适当控制。科学与实践之间始终存在差距，时间会告诉我们RE与现实的差距有多大。但请明确一点：RE实际上正在使用那些本来是质量－Ⅰ的部分工具。

RE系统必须具有适应性。我们如何使一个复杂的系统适应性强？通过引入反馈！反馈是一种工程概念，监视一个过程中输出的变化，如果变化超出限制，则会生成信号。该信号被传输到输入，旨在通过更改输入来更改输出。这个概念称为自动化，它在过去和今天都得到了使用。当然，它也完全适用于RE，并且可能可以提供弹性。但是，这又会使我们的系统越来越复杂。

是否所有这些都意味着RE是无用的？

一点也不！与健身和六西格玛类似，RE具有改变我们对安全的理解的能力。但是正如我已经说过的那样：只有通过将安全-Ⅰ升级为安全-Ⅱ，或者正如我想强调的，通过质量-Ⅰ和安全-Ⅰ的整合来实现。

在下一章中将介绍有关此主题的更多信息。

8 质量管理体系（QMS）和安全管理体系（SMS）的未来

8.1 引言

这些年来，质量管理体系（QMS）和安全管理体系（SMS）在不同的行业中已经历了长足的发展。用于解释和分析质量的许多方法已被转移到安全领域。在质量管理体系和安全管理体系中，所有这些方法和方法论都被证明是好东西。但生活还在继续。

技术已经取得了巨大的发展，我们的世界充满了复杂的设备，可以帮助我们管理和控制生活。同时，这些技术会使我们变得懒惰和不负责任，认为设备将解决我们人类的问题。不幸的是，技术的进步并没有伴随适当的社会变革，我们的生活变得更加复杂。

我们使用的系统越来越复杂，这使得它们的管理更加困难。先前用于描述系统的模型不再能够解决复杂性。因此，我们需要改变对周围世界的态度。

恢复力工程（RE）代表了当今复杂系统评估的演进。RE通过将复杂性视为不适用于“实时”决策来处理复杂系统。这意味着对好事情或坏事情的预测变得比以前更加困难。因此，人们（至少是聪明的人们）找到了另一种应对生活中不确定性的方法。

他们没有去处理“错误的事”，而是致力于“正确的事”。这意味着我们需要改善对我们来说正常的事情（正确的事情），以消除错误的事情的空间。同时，我们需要使我们的系统“更具韧性”，以应对已知压力，并在应对未知压力时更具“弹性”。

我们的生活是在系统中组织的。系统由人、设备和程序组成。程序是由人制定的，它们通过将人和设备连接到功能系统中来塑造系统。我们可以选择人员和设备，而程序取决于此选择。因此，由这三个部分组成的系统的自由度始终为2。遵循“正确的事”的理论，人类有可能行之有效，程序也提供执行“正确的事”的规则，但是设备出故障了。这意味着仅努力追求有两个组成部分的“正确的事”是不够的。设备故障是RE无法再进行调整的情况。它涉及可靠性，这属于“错误的事”。因此，要想拥有一种全面的方法来取得真正的成功，我们必须将“正确的事”与“错误的事”相结合。

在安全方面的文献中，这种“思想上的改变”被描述为从安全-Ⅰ转变为安全-Ⅱ。但这并不意味着我们会离开安全-Ⅰ。相比之下，安全-Ⅰ（处理“错误的事”）已经证明其是不错的，因此它将继续存在。但是它将与处理“正确的事”的安全-Ⅱ集成在一起。

这里必须提到一件非常重要的事情。安全-Ⅱ建议监视系统的小变化并进行特定的调整（针对这些小变化），以使系统始终保持正常运行。这意味着冰山的某些主题[①]（征候、差错和不安全行为）不可忽略。监视和记录这些事件将有助于我们对系统进行调整并使其更加合适。系统的这些小调整将有助于防止将来可能发生的事故。这实际上是安全-Ⅰ的一部分。

重要的事情来了：我们已经拥有处理“正确的事”的系统方面的经验，这就是质量管理体系！从1948年开始，该系统开发了许多模型、工具、方法和方法论，旨在使事情变得更好，并且被证明是非常成功的。因此，真正的问题是：当我们仅将安全管理体系升级到质量-Ⅰ时，为什么要建立全新的安全-Ⅱ？

对于质量管理体系和安全管理体系的未来，有一个务实的解决方案，它是两者的完全整合。

---

① 参见本书第5.1节。

8.2 QMS和SMS的整合

在现实生活中，有很多示例，比如公司有一个部门同时负责质量管理体系（QMS）和安全管理体系（SMS）。我曾在巴布亚新几内亚的一家航空公司［以及维护、修理和翻修（MRO）单位］工作，我的职位是质量保证/安全经理。如果你在网站上查看航空工作机会，你会发现许多公司都有同时专门负责质量和安全的部门。他们认为雇用的人员应该熟悉这两种系统。几年前，国际航空运输协会（IATA）为其成员创建了航空公司一体化管理体系以集成多个管理体系，例如SMS、安保管理体系（SeMS）、QMS、企业风险管理（ERP）、供应商管理系统（SUMS）以及环境安全管理系统（ESMS）。国际航空运输协会还有一个专用的工具包，旨在帮助航空公司将所有管理系统作为一个综合系统来实施。国际航空运输协会还为该综合系统提供为期 5 天的培训。

文件方面的集成也广泛存在：许多公司只有一个文件，称为《质量和安全手册》，涉及这两个体系。

我们甚至可以进一步来看看国际民航组织 9859 号文件，在该文件的第 2.9.5 节中指出：

> 每个组织机构将会根据其独特的生产需求去整合这些系统。风险管理过程是安全管理体系、质量管理体系、环境管理体系、财务管理系统、职业健康与安全管理体系和安保管理体系等的重要特征。如果安全管理体系在运行中脱离了其他管理系统，就可能会有一种倾向，即只专注于安全风险，而没有理解质量、安保以及环境对该组织机构的威胁本质。

同样在国际民航组织 9859 号文件，第 5.4.2 节标题为“管理系统的整合”。

美国联邦航空局（FAA）《系统安全手册》第 13.4.2 节（“安全关键系统的确认”）规定，“文档应包括设计信息和图纸、分析、测试报告、先前的方案经验，以及质量保证计划和记录……”

FAA的另一份文件强调了质量管理体系和安全管理体系之间的自然联系。FAA第120-92号咨询通告《航空运营人SMS简介》（日期为2006年6月22日），第3页：“因此，可以将安全管理视为与安全相关的操作和支持过程的质量管理，以实现安全目标。”

它表明没有质量就没有安全，这两个管理体系之间的相互作用已经得到认可。ISO 9001：2008修订为ISO 9001：2015的原因之一是为标准提供更大的灵活性，以便轻松地将其与其他标准整合。

记住上述内容，我们可以注意到这两个体系（QMS和SMS）的需求之间存在很大的联系。因此，我几年前提出的想法（将QMS和SMS要求整合到一个系统）很自然并且很容易应用。这个整合的系统应该足够全面，以便实施，该系统用于处理QMS和SMS的方法、工具和方法论可以归为一类。

此外（从“全局”看），整合将为改进QMS和SMS提供理论和实践基础。实际上，它将为改善质量和安全的科学性“铺平道路”，为改善两个基本方法提供了一种整体途径：“正确的事”和“错误的事”。

9 质量管理体系（QMS）和安全管理体系（SMS）的整合标准

9.1 引言

我的航空经验始于 1995 年初，主要是在空中交通管理/通信、导航和监视（ATM/CNS）领域。自 2003 年以来，我开始从事质量方面的工作，从 2005 年开始，我一直在服务提供商和监管机构从事安全工作。在马其顿共和国标准化研究所的一些项目中，我注意到存在质量管理体系（QMS）的标准，并且该标准已被广泛使用（ISO 9001），但没有安全管理体系（SMS）的标准。在欧洲的空中航行服务供应商（ANSP）领域，有 6 份欧洲安全法规要求（ESARR）文件。在美国，有几个安全相关的主要文件（美国联邦航空局（FAA）《系统安全手册》、FAA《风险管理手册》和FAA《安全管理体系手册》），但没有全球标准。只有专门针对航空事务和监管机构的安全要求和指导材料，而没有这样的标准。

我想知道为什么没有SMS的标准，因为还有其他对人类和环境构成威胁的行业（核能、化工、石油等）。研究这个问题，并注意到对质量和安全的共识后，我得出结论：将它们整合在一起是很自然的事。当我为硕士学位寻找一个主题时，我意识到是时候去研究这个问题了。经过近 16 个月的时间（大量的数据和文献查阅时间），我编写了“空中航行服务提供商的质量和安全一体化管理系统—要求”标准草案。我认为研究空中航行服务提供商可以使我的工作更轻松，因为我已经在该领域拥有丰富的经验，并且在那个时候这是一个不错的决定。从今天的角度来看，这样的标准可以适用于所有同时处理质量和安全的行业。当然，我确实相信每个人都会从中受益，因为在对于QMS和SMS有监管要求的地方，该标准将适用。

9.2　为什么要制定标准?

答案很简单：因为国际标准源于世界各地的最佳实践！

我所说的标准是指由国际标准化组织（ISO）或其他国际标准化组织［欧洲标准化委员会（CEN）、欧洲电工标准化委员会（CENELEC）、国际电工委员会（IEC）等］颁发的国际标准。今天使用的大多数管理系统都满足ISO建立的要求，但是不存在关于SMS的ISO出版物。

在这里让我们解释一个非常重要的事情：只有在没有法规要求的情况下，才自愿执行ISO标准。因此，公司必须自行决定是否实施特定标准。

关于标准还有一个非常重要的考虑因素：最大的问题将不是制定标准。这将是在人类思想中"执行一次思想转变"，并以平衡的方式处理"正确的事"和"错误的事"。人类已经在应对变化方面遇到了问题，同时处理质量-Ⅰ（"正确的事"）和安全-Ⅰ（"错误的事"）可能看起来非常复杂。因此，提出一个标准可以"疏导"努力，并为将来同时处理质量-Ⅰ和安全-Ⅰ的整体方法提供必要的刺激。

但是，有些国家或监管机构已经为特定的ISO标准制定了监管要求。让我们举几个例子。欧盟已制定了一项有关空中航行服务的法规，要求所有机构均通过ISO 9001 认证，马其顿共和国政府通过了一项法律，要求所有政府机关和机构均通过ISO 9001 认证等。

因此，即使标准不是强制性的（没有法规要求），拥有一项国际标准也将在质量和安全要求方面，特别是在危险行业中，协调世界各地的情况。这意味着传播思想，评估事件，交流信息、思想和专业知识将变得更加容易和富有成果。

在航空领域，我建议整合两个管理体系，而不是像ISO 17025、ISO/TS 16949 和ISO 15189 那样整合标准和技术要求。

但这是个问题吗？我不这么认为；在准备整合标准时，只需要足够的创新和谨慎即可。我从 2010 年夏天初开始编写该标准，并花了近 3 个月的时间来编写。请记住，我的大部分安全经验都与ATM/CNS有关，欧盟要求空中航行服务提供商经过ISO 9001 认证，标准草案是针对空中航行服务提供商实施而制定的。

"我的"整合标准的基础是ISO 9001：2008，并将SMS的所有要求纳入其中。原因是ISO 9001 已在行业中建立，因此对我来说，纳入内部安全要求是最自然的。我花了大部分时间检查QMS和SMS的通用要求，以及如何通过实施一个质量和安全一体化管理体系（IQSMS）来满足它们的要求。我所取得的结果非常鼓舞人心，激励着我继续我的工作，并进一步传播这个想法。

2011 年 4 月，题为"质量和安全一体化管理系统（IQSMS）标准—要求"的文件已提交给欧洲标准化委员会。该文件以标准草案的形式提出，共 19 页。当时，有关在欧洲的ATM/CNS区域实施QMS和SMS的要求的法规文件长达 171 页。欧洲标准化委员会第 377 号技术委员会（致力于ATM领域的标准化）在 2011 年 5 月 19 日的会议上讨论了该文件，他们决定保留该标准待定，并等待未来的发展。

会上给出的评论如下：

> 当前，所有欧洲空中航行服务提供商都根据国际标准或建议（ISO 9001、ESARR、ICAO 9859 号文件）实施了自己的安全和质量管理体系。我们认为，引入综合SMS和QMS系统不会为大多数已经实施QMS和SMS的组织带来很多好处。应该记住，当前在大多数空中航行服务提供商中，QMS和SMS已经高度相关（所有与SMS相关的文件和程序都是根据质量管理体系要求制定的）。我们认为，欧洲空中航行服务提供商对整合QMS和SMS标准的兴趣不大。IQSMS标准仅对计划实施QMS和SMS的新组织有用。

如今，有法规要求在航空领域实施QMS和SMS，但要分开进行。考虑到已经存在一些整合标准（ISO 17025、ISO/TS 16949、ISO 15189 等），我并没有（甚至今天还没有准备好）接受这个评论。

几年前接受这些标准的公司已通过ISO 9001 认证，并满足了各种技术要求，但仍然决定实施这些整合标准。我确实相信他们已经认识到实施整合标准所带来的经济和专业利益。

9.3 其他领域的整合

我们的世界中存在类似的整合标准。行业中已经有很多整合标准在使用。实际上，“质量领域”注意到了这一发展（标准的整合），因此将ISO 9001：2008 修订为ISO 9001：2015 的原因之一就是旨在简化与其他标准的整合！

我可以谈谈一些整合标准的例子。例如，ISO 17025：2005（测试和校准实验室能力的通用要求），ISO 13485：2003（医疗设备—质量管理体系—监管目的要求）和ISO 15189：2007（医学实验室—质量和能力的特殊要求）。这些标准包括标准ISO 9001 本身以及测试、校准和医学实验室的必要技术要求。它们应用很广泛：世界上没有一个著名的实验室不是按照这些标准进行标准化和认证的。这是一种声望。

我们必须在这里给出解释。有用于审定的标准，也有用于认证的标准。前述标准仅用于认证。因此，如果一个实验室希望获得特定测量的认证，则需要通过这些标准的审定。

让我们来解释一下。

机构或组织的审定是“第三方提供产品、过程或服务符合特定要求的书面保证的程序”。认证是“权威机构正式认可某机构或个人有能力执行特定任务的程序”。这两个定义均取自ISO/IEC指南 2。这意味着通过这两个标准之一审定的实验室可能要求获得提供特定测量服务的认可。因此，完全不需要监管机构的额外检查。

我想提一下ISO/TS 16949（质量管理体系，在汽车生产和相关服务零部件组织应用ISO 9001：2008 的特殊要求）。该标准是独一无二的，因为它是所有ISO 9001 质量管理要求的复制/粘贴，并增加 30%的汽车行业认为将提高行业质量的管理要求。与ISO 17025 和ISO 15189 比较时，我们会发现有所不同。这两个标准只是增加了ISO 9001 的技术要求，并且在质量管理中没有任何改变，但是ISO/TS 16949 增加了更多的管理要求，如实施和维护故障模式和影响分析（FMEA），对所有设备进行测量系统分析（MSA），对测量设备进行校准的特定要求，实施统计过程控制（SPC）等。因此，所有汽车制造商都希望获得“审定”：他们提供的产品均遵循质量要求标准。

9.4 当今如何进行?

不幸的是，我的IQSMS的“版本”不再有效。ISO 9001：2015 有一个新版本，其中包括风险管理。此外，安全的方法范围更广，它不仅考虑“错误的事”，还考虑“正确的事”。但是所有这些发展都应该使工作变得容易。

如今，ISO 9001 还应被用作SMS整合的基础和要求。这样做还有一个很强的理由：牢记本书第 5.4 节提到的事实，即成功事件的集合大于故障事件的集合，我们应该使用质量-Ⅰ（处理成功）作为基础。然后应仔细整合两个体系的类似要求，以提供使用该标准的最大灵活性。

如何出台ISO标准很简单：如果至少有三个国家/地区提交声明，说明他们需要这种标准，则足以使ISO成立一个工作组或委员会来处理该标准了。出台新标准的整个过程通常需要 1 年到 3 年的时间。而整合标准只需要进行整合就可以了，无须花费很多精力，整个工作可以非常迅速地完成。最大的问题是制定草案，草案制定后，活动将加快。

9.5 带来的好处

QMS和SMS的整合应该是自然的。在前面的章节中，我提到了它们之间存在联系，并且不可分割。实际上，我们应保留安全-Ⅰ，将安全-Ⅱ添加到质量-Ⅰ中，并进行整合。甚至埃里克·郝纳根（Erik Hollnagel）在他的《安全-Ⅰ和安全-Ⅱ》（*Safety-I and Safety-II*）一书中也指出，安全-Ⅱ不应是替代，而应作为安全-Ⅰ的补充。

在第5章中，我解释了为什么无法从安全-Ⅰ转变为安全-Ⅱ（质量I），因此我们需要同时使用它们。

通过整合标准实施一个系统的好处有：

1. 必须将质量-Ⅰ［基于恢复力工程（RE）的安全-Ⅱ］与安全-Ⅰ整合在一起，以从两者中获得最大收益。没有整合，就根本不可能提供整体的安全方法。整合将触发更多关于事物发展方式的理论研究，在实践中将节省大量时间和精力。

2. 整合将使用RE实现的安全-Ⅱ（质量Ⅰ）的"韧性"和"弹性"，同时，它将基于安全-Ⅰ方法学从事故和征候调查中获得"经验教训"。

3. 整合为质量带来了一些自身缺失但已成为安全组成部分的功能，反之亦然。这是双赢的局面。

4. 在某些情况下，我们选择使用"错误的事"，而在其他情况下，我们选择使用"正确的事"，仅仅是因为这很容易。根据情况，我们可以决定什么更适用并决定使用什么。因此，使用这两种方法来提高特定安全水平的可能性是广泛的。

5. 一个系统（通过一个整合标准）而不是两个系统（通过两个标准）的实施将简化管理，以提供相同水平的质量和安全。维护一个系统总比维护两个系统好！系统和操作程序（尤其是风险管理程序！）、文件数量和员工人数将减少。

6. 两个系统的整合可以将质量和安全目标［关键绩效指标（KPI）!］结合

在一起，因此，无须进行双重测量（如果已实现目标）。

7. 正如我们之前提到的，新版ISO 9001：2015 需要风险管理程序。同时，SMS要求进行风险管理程序。尽管ISO 9001：2015 中的风险管理处理的是质量方面的风险，但不反对将其扩展到安全风险。因此，航空业的真正问题是：你的公司中是否有两个风险管理程序——一个用于QMS，一个用于SMS？它们之间有什么区别？自己决定。

8. 一个系统（通过一个整合标准）而不是两个系统（通过两个标准）的实施将降低所提供产品或服务的成本，这将改善公司的整体状况。

9. 管理系统的复杂性将减小，从而提高所提供产品和服务的可靠性。

10. 公司（尤其是航空公司！）的审定将更快，并且花费更少的精力。无须处理大量文件（有些用于QMS，有些用于SMS），因为我们将拥有一个涵盖两个体系的文件。

11. 实施该标准的航空领域的监管监督活动将很容易，其结果将是增强信心和减少工作量。审计时间将减少，并且系统中的变化将更易于实施。

12. 这将允许使用处理“错误的事”和“正确的事”的方法在全球范围内发展质量和安全。

高风险行业（航空、核能、化工）是否也会认识到采用一种标准而不是两种标准的好处？

就目前而言，我确信行业，尤其是航空业还没有为这一步骤做好准备。

我已经尝试过与世界各地的许多同事讨论将这一整合标准付诸实践的可能性，说实话，结果令人非常失望。没有人反对，但是在一些回复的措辞之间，我意识到政治问题比专业问题更为重要。我发现这很奇怪，但是我们周围的一切在某种程度上都很奇怪。在我看来，我正在提议行业的一次重大革命，但行业还没有为此做好准备。

我只是在谈论同时处理安全和质量。我确实相信，下一步将（不可避免地）将我们带入这两个系统的整合中！

10 结束语

质量管理体系（QMS）和安全管理体系（SMS）经过漫长的历程才达到相互对接阶段。它们用了不同的“道路”，但最终它们在路上相遇了。

尽管它们在时间和空间上经过了漫长的历程，但是对于这些管理体系的基本原理仍然存在一些基本的误解。这并不意味着它们是错误的，只是人们没有从过去学到任何东西。问题在于人的思想。我们可以尽全力讲授历史，但是历史会一次又一次地重演。

没有绝对的安全！绝对是一个仍在使用的单词，但仅用于解释理论。我们的世界从“绝对”转变为“相对”主要是受爱因斯坦的影响。他的相对论动摇了我们对事物如何发生的理解，改变了我们对生活的态度。

我们当然不会放弃！安全在不断适应当今生活方式的现实和动态。从顺序事故模型到流行病学事故模型，今天我们面临着系统性事故模型。这些方法考虑了当今系统的复杂功能，并且将分析置于一个整体上的更高层次上。与该模型有关的安全不是革命性的。它只是以科学的方法将过去的良好经验联系在一起。

质量始终与安全息息相关。质量下降可能会对人类的生活造成非常严重的影响。汽车刹车故障可能不会导致事故，但是没有人愿意经历这种情况。原因很简单：汽车刹车故障是一个质量问题，但是安全隐患是显而易见的。

对质量的新理解体现在新版ISO 9001：2015 中，该版本要求进行风险评估以提高质量。对安全的新理解基于以下前提：让我们通过把好事情变得更好来消除坏事情。因此，与其处理“错误的事”，不如改善“正确的事”。这就是质量与安全的交会点。一些学者认为我们指的是同一件事，我还要补充说，存在着一种自然的联系，“显而易见”允许它们整合在一起！

我确实相信将质量和安全整合到一个管理体系中将改善公司内部发生征候和事故的总体情况。第一步是为质量和安全制定新的国际综合标准。原因很简单：如果我们等待整合自愿发生，它可能永远不会发生。所有危险行业实施两种管理体系的严格监管要求（直接或间接）证明了这一点。

如果行业意识到安全后果，为什么他们需要如此严格的法规？

我想在这本书中总结的要点是：

1. 体系由人员、设备和程序组成。无论使用哪种模型来描述，这些元素、它们之间的相互作用以及与环境的相互作用总是存在的。

2. 体系应包括安全－Ⅰ和质量－Ⅰ。体系应基于力求改善“正确的事”（质量－Ⅰ的组成部分）并尽可能减少“错误的事”（安全－Ⅰ的组成部分）的程序。

3. 每个体系都需要一个负责人。必须有专人做决定！他（她）必须能够看到全局，并且必须能够做出正确的选择。选择“专人”时要小心！

4. 体系模型存在缺陷。没有完美的模型！无论在质量管理体系或安全管理体系中使用哪种模型，都必须了解模型是我们对现实的感知，并且需要尽可能地将它们与现实联系起来。只要用数据填充适当的模型就可以。体系就像软件：如果输入了错误的数据，则使用优质软件的计算机将产生错误的结果。

5. 提供大量培训。体系是基于体系程序构建的。你需要为员工提供足够的培训，以帮助他们理解体系，然后对操作程序进行良好的培训，并特别强调“好”或“坏”的结果。

6. 一个体系不应该是官僚的。不要基于官僚的规则来创建体系！应设计程序，以从员工中获得最大的收益。当开始担心为什么不遵循某个程序时，这意味着体系中缺少重要的内容，并且不能通过遵守规则来解决。

7. 好的体系是整体的。无论你怎么想，体系都是复杂的，为了适当地描述它们，必须考虑尽可能多的细节。仅考虑基本原理是一个错误，与现实不相伴。这种整体方法很复杂，如果太难了，请使用计算机。

8. 体系是动态的。在体系中，一切都在进行中。人们变得更加成熟、更加熟练和知识渊博。也许他们也变得懒惰了。机器磨损，需要更换。因此，必须及时调整程序（这是用于管理体系的工具）。

9. 必须持续监控体系。动态体系会产生已知或未知的运动。已知运动可以预测和观察识别，但并不总是适用于未知运动。这意味着体系需要昼夜监视，从而使你有更多的机会注意到变化和发生的情况。

10. 体系必须是主动的。监视系统应提供有关其行为及其组成的信息，并且应使用此信息来改进体系。因此，它需要是主动的，而不仅仅是被动的。体系内部的人员需要事先考虑。

11. 体系需要调整。系统是有生命的实体！有时需要对其进行调整以适应它或环境的变化。变化有两种类型：有意和意外。有意变化总是使体系变得更好，但意外变化可能会成为问题。因此，如果发现意外变化，请在损坏发生之前调整系统。

12. 必须管理体系。对体系的管理就像在湍急的水域中划皮划艇一样：河水湍急，带来许多意想不到的情况。你不能哭，也无法返回；你可以运用自己的知识、技能和力量来管理情况并进一步前行。

我希望本书可以帮助质量和安全从业人员更好地理解当今该领域的现实和神话。

此外，我希望它能为未来这两个体系的整合做出贡献。

G L O S S A R Y

术 语

1. 调整：当工作条件不明确或时间和资源有限时，需对工作情况做出针对性调整，这是工作情况变化的主要原因。然而，在必须作出调整的极端情况下，调整往往是近似的而非完美匹配，而近似的调整就已经能够满足多数工作情况变化的需要了。

2. 病因学：病因学是对事物发生原因的探究,亦或是对事件背后的原因或起因的研究。在安全领域，病因学是探究可观察现象机理或假设机理的研究，描述了产生观察现象的机制（即现象学）。

3. 二态性：技术元件和系统以二态方式运作，严格意义上来说，系统的每个组件 e 都会处于运行或停止运行的状态。当组件处于不运行状态时，视为失效。然而，二态性原则并不适用于人类和组织。人类和组织实际上是多模态的，意味着他们的状态是可变的，时好时差，但不会完全失去功能。人类“组件”不能像技术元件一样停止运作并被替换。

4. 效率–完备性权衡：效率–完备性权衡（ETTO）描述人（和组织）开展活动时，总是在准备活动和进行活动之间权衡资源（时间、工作量或物料），通常牺牲前者。

5. 涌现性：在多数情况下，结果的产生难以或无法由已知过程或发展解释。因此，这些结果被认为是涌现的，是没有原因的。涌现的结果不可累加，不能被分解为“组成部分”，因而不能根据“组成部分”的知识预测。

6. 黑盒系统：当某个系统的功能难以或无法理解时，称其为黑盒。黑盒由于变化过快导致难以进行系统描述，通常表现得不够稳定，其组件及其连接复杂度高，并且运行细节烦琐。同样地，黑盒是不明确的，这意味着它无法提供覆盖大量场景的运行规范。

7. 本体论：本体论描述了“什么是”。在这本书中，本体论研究了什么是安全的基础，而非如何表现自身（现象学）或如何产生表现（病因学）。

8. 表现可变性：现代安全（安全-Ⅱ）建立在成功和失败的等同原则和近似调整的原则上。因此，性能在实际情况中始终存在变化。这种表现可变性可能会从一个活动或功能传播到其他活动，从而产生非线性或涌现性效应。

9. 现象学：现象学是指某物的可观察特征或表现：在本书中，我们会表达为某物是安全的或不安全的。

10. 韧性：如果一个系统可以在变化或干扰发生之前、期间或之后调整其功能，并在预期和意外情况下维持必要的操作，则被称为具有韧性。

11. 韧性工程学：韧性工程学是专注于制定使系统运行具备韧性的必要原则和规章制度的科学学科。

12. 安全-Ⅰ：安全是将不良事件（事故、事件或征候）的发生数量降至最低的状态。安全-Ⅰ是通过努力确保事情不会出错实现的，要么是通过消除故障和危险因素，要么是控制消极影响。

13. 安全-Ⅱ：安全是指成功结果的数量达到尽可能高的状态。它代表了在不同条件下实现目标的能力。安全-Ⅱ是通过确保事情的正确进行来实现的，而不仅仅是防止错误的发生。

14. 社会技术系统：在社会技术系统中，组织成功表现的条件——以及不成功表现的条件——是由社会和技术因素的相互作用所创造的，而不是由任何一个单独的因素所决定的。这种相互作用既包括线性（简单结构）的因果关系，也包括非线性（复杂结构）的涌现关系。

15. 社会技术生态：社会技术生态是维持一系列个人和集体人类活动所必需的相互依赖的社会技术系统。独立讨论的情况下，工厂可以被描述为一个社会技术系统。但它的持续运行总是依赖于其他社会技术系统提供的输入和支持，例如与交通、分配、通信和控制等相关。集成的社会技术系统构成了一个社会技术生态或者宏观社会系统。

16. 白盒系统：当某个系统的功能能够被理解时，称其为白盒。由于系统表现较强的稳定性，其性能表现高度规律，各部件及其连接描述相对简单，而且运作细节很容易被理解。

I N D E X

索 引